Stefanie Horn

FERMENTIER' DOCH MAL!

Dein kreativer Grundkurs für die Fermentation von Obst, Gemüse und Nüssen

ulmer

INHALT

FERMENTIEREN
DAMALS UND HEUTE

Fermente sind in aller Munde – im wahrsten Sinne des Wortes! Das hat einen guten Grund, denn sie sind wichtig für die Gesundheit und geben uns Lebensenergie. Beim Fermentieren geschehen Prozesse, die in der Natur ganz natürlich ablaufen. Mit diesem Wissen entscheiden wir heute bewusst, ob wir Lebensmittel fermentieren möchten oder sie erst von unserem Körper zersetzen lassen. Viel Freude beim Entdecken alter und neuer Welten!

LANGE HALTBAR

→ Milchsäuregärung ist eine Art des Fermentierens und eine der einfachsten Methoden zum Haltbarmachen von Lebensmitteln. Die Zubereitung kommt ohne Kochen aus und ohne kompliziertes Sterilisieren oder Pasteurisieren der eingemachten Lebensmittel. Das Obst oder Gemüse schafft sich ganz eigenständig durch die in ihm lebenden Mikroorganismen einen gesunden Lebensraum. Diese fleißigen Helfer tragen dazu bei, dass die Fermente lange für dich als Nahrung aufbewahrt werden können.

GANZ NATÜRLICH

→ Fermentiertes Obst und Gemüse benötigt keinerlei Konservierungs- oder Aromastoffe, weshalb es ein wahrhaft natürliches Lebensmittel ist. Gutes Salz und pures Wasser sind die einzigen Zutaten – und für einige Fermente braucht man nicht mal diese. So weißt du genau, was drin ist, denn es ist natürlich und selbst gemacht!

PROBIOTISCH

→ Bei der Gärung vermehren sich Milchsäurebakterien, die genauso wie andere Bakterien, Pilze und Hefen überall in der Natur zu finden sind. Diese Mikroorganismen – auch Probiotika genannt – befinden sich ebenfalls im menschlichen Körper, vor allem im Darm. Daher hilft milchsaure und lebendige Nahrung dabei, unsere Darmflora zu bereichern und auszugleichen.

SAISONAL & REGIONAL

→ Üblicherweise wird fermentiert, weil eine große Ernte nicht zu bewältigen ist und all das frische Obst und Gemüse selbst eine Großfamilie nicht ganz aufessen kann. Dies mag heutzutage nicht immer der Beweggrund sein, doch fördert diese Tradition ein bewusstes Leben, den lokalen Gegebenheiten entsprechend. Dies führt automatisch zu einer harmonischen Verbindung mit der Natur und ihren Zyklen.

NACHHALTIG

→ Nicht nur weil Fermentiertes den Jahreszeiten entsprechend eingemacht wird, sondern auch weil milchsauer vergorenes Obst und Gemüse wahre Verwandlungskünstler sind, sind sie besonders nachhaltig. Man kann aus Fermenten und deren Säften immer wieder neue Lebensmittel herstellen, was ihnen ein langes Leben beschert. Ihr Geschmack ist intensiv, weshalb wir sie gewöhnlich in kleineren Mengen und bewusster verzehren. So hat man bei gleicher oder meist sogar größerer Nährstoffmenge wesentlich mehr davon. Außerdem verbraucht Fermentieren so gut wie keine Energie, da alles ungekocht zubereitet wird. Lediglich beim Weiterverarbeiten kann ein Mixer oder Dörrgerät zum Einsatz kommen.

EIN ABENTEUER

→ Es macht einfach Spaß, Weckgläser mit buntem Obst und Gemüse zu befüllen und diese auf dem Küchenschrank zu beobachten. Du kannst förmlich dabei zuschauen, wie die Milchsäurebakterien arbeiten und das Ferment zu brodeln beginnt. Es ist wie ein eigener Organismus, der unter der Oberfläche ein gesundes Gleichgewicht zwischen allen Lebewesen schafft, so wie es idealerweise auch in unserem Körper sein soll.

SAUER MACHT LUSTIG

→ Es soll ja nicht nur gesund sein, sondern auch schmecken. In diesem Sinne gilt es, einen neuen Geschmack zu entdecken! Der Gärprozess verändert die ursprüngliche Frucht. Das Ferment verliert an Süße, was den klassisch milchsauren Geschmack ausmacht, und gleichzeitig verstärkt sich das Aroma. Besonders spannend ist, dass keine Zubereitung der anderen gleicht. Bei jedem Glas, das du öffnest, wirst du aufs Neue überrascht, weil immer andere Faktoren die Fermentation beeinflussen. So wird es nie langweilig und man kann sich immer wieder an neuen Kreationen erfreuen.

EIN NATÜRLICHER WANDEL

Nachdem das wertvolle Wissen unserer Großeltern fast in Vergessenheit geriet, wimmelt es heutzutage nur so von Mikroorganismen, die sich weltweit in den Küchen von Profi- sowie Hobbyköchen vermehren. Die wilde Fermentation erlebt ihre Wiedergeburt.

Früher war man darauf angewiesen, die Ernte haltbar zu machen, damit es im Winter etwas zu essen gab. Heute versuchen wir, diese Routine zurückzuerobern und nennen es saisonale und regionale Versorgung. Dabei könnten wir im Supermarkt zu jeder Jahreszeit verschiedenste Obst und Gemüsesorten kaufen, die aus weiter Ferne und anderen Klimazonen zu uns gelangen. Es geschieht also nicht mehr aus der Not heraus, sondern mit dem Bewusstsein und dem Wunsch sich gesund und im Rhythmus der Natur zu ernähren.

ANDERE LÄNDER, ANDERE SITTEN

In vielen asiatischen Ländern gehören fermentierte Lebensmittel wie chinesische Sojasauce, japanische Misopaste, indonesischer Tempeh oder koreanisches Kimchi regelmäßig auf den Tisch, so wie bei uns das tägliche Brot. Genau, Brot ist ein Ferment – zumindest das gute alte Sauerteigbrot. Doch ebenso gehören Joghurt, Quark und Käse zu den fermentierten Lebensmitteln. Lediglich sind wir nicht mehr daran gewöhnt, sie selbst herzustellen. Aber das kann sich schnell wieder ändern …

Vorratshaltung heute

Ursprünglich ging es also ums Haltbarmachen während der Erntezeit. Wer einen Gemüsegarten hat, weiß, dass dort im Spätsommer und Herbst Überfluss herrscht. Doch auch wer kein Hobbygärtner ist, kann bei kleinen lokalen Bio-Bauern saisonal einkaufen.

Wie kann so eine Vorratshaltung in der Praxis aussehen? Im Grunde braucht man nur während der Erntezeit sechs Monate lang die doppelte Menge einzukaufen wie gewöhnlich und eine Hälfte davon für die Winter- und Frühjahrsmonate einzumachen. Damit wäre für die zweite Jahreshälfte der Vitaminvorrat gesichert. Der größte Engpass stellt sich übrigens erst im Frühling ein. Im Winter zehrt man noch von der herbstlichen Ernte, während im arbeitsreichen Frühjahr umgegraben und gesät wird.

Es hilft also, sich darüber zu informieren, was gerade Saison hat und erntereif ist. Am besten eignen sich ökologische und auf nährstoffreichen Böden angebaute Lebensmittel, da diese viele natürliche Bakterien enthalten, die gesund und vor allem für das Fermentieren nötig sind. Liegt Gemüse jedoch mehrere Tage im Supermarkt herum, verliert selbst Bioware seine Lebendigkeit, weil die Mikroorganismen absterben. Ein Hof in der Nachbarschaft dagegen bietet dir frisch geerntetes Obst und Gemüse an, welches du zu Hause sofort verarbeiten kannst, sodass möglichst viele Mikroorganismen erhalten bleiben. Eine lokale Lebensmittelversorgung baut eine Beziehung zum Produzenten auf, denn es ist immer gut zu wissen, durch welche Hände die Nahrung gegangen ist und wie sie behandelt wurde, bevor du sie zu dir nimmst.

Fermentieren oder einkochen?

Die achtsame liebevolle Weiterverarbeitung unserer Lebensmittel macht Spaß – vor allem, wenn sich der Arbeitsaufwand in Grenzen hält. Obst oder Gemüse zu fermentieren, ist im Vergleich zum Einkochen fix getan. Die Früchte schnippeln, ein bisschen stampfen und ab damit ins Glas. Lediglich für die Reifung brauchen wir ein wenig Geduld. Zutaten wie Zucker, Essig oder Öl brauchen wir für das Fermentieren nicht. Es entsteht kaum Abwasch, wir müssen nichts kochen oder Gläser sterilisieren, und trotzdem halten Fermente bei richtiger Lagerung wesentlich länger als Eingekochtes. Heutzutage gehört Einfrieren zwar ebenfalls zur schnellen Variante, doch verbraucht es Energie. Auch kann Obst und Gemüse getrocknet werden, was je nach Art und Menge viel Platz benötigt – vor allem ohne Dörrgerät. Eine Kombination aus Fermentieren und Trocknen ist allerdings durchaus spannend. Gewöhnlich werden hierbei eher kleine Mengen verarbeitet. Und nicht zuletzt sind fermentierte Lebensmittel besonders gesund, da ihre Nährstoffe nicht nur komplett erhalten bleiben, sondern zusätzlich mit Vitaminen und Probiotika angereichert werden.

So hatten die Menschen früher wohl den richtigen Riecher für ein gesundes und natürliches Leben. Wie gut, dass wir heute noch von ihnen lernen dürfen und dieses Wissen weiterlebt, damit es nicht nochmals Gefahr läuft, in Vergessenheit zu geraten.

DANKE, LIEBE BAKTERIEN

Fermentieren ist mehr als nur Haltbarmachen ohne Stromverbrauch. Man spart sich ebenfalls teure Produkte zur Nahrungsergänzung. Seit jeher ist beispielsweise bekannt, wie viel Vitamin C Sauerkraut enthält. Früher wurde es auf langen Schiffsreisen als Konserve mitgeführt und lieferte der Mannschaft hervorragende Nährstoffe. Probiotika sind Mikroorganismen, die die Darmflora anreichern und die Vielfalt an Bakterien vergrößern. Bei der natürlichen Milchsäuregärung vermehren sich solche Bakterienstämme und ein regelmäßiger Verzehr gleicht einer natürlichen Gesundheitsvorsorge, die noch dazu gut schmeckt.

Wie funktioniert die Milchsäuregärung?

In der Natur wimmelt es nur so von Kleinstlebewesen. Überall sind sie zu finden: im Garten, in der Erde, auf der Wiese und im Wald sowie auf Blättern, Obst, Früchten und Gemüse. Diese Mikroorganismen bilden ein gesundes Gleichgewicht, das sie selbst regulieren, um in einem gemeinsamen Lebensraum zu existieren. Fällt eine Frucht vom Baum, wird sie von verschiedensten Bakterien in einer bestimmten Abfolge zersetzt, bis am Ende wieder Erde dabei herauskommt, auf der neue Pflanzen wachsen können. Das ist der natürliche Zyklus der Natur, bei dem nichts verkommt, sondern sich alles ständig verwandelt.

Die Milchsäuregärung ist eine Art des Fermentierens, die ebenfalls eine Verwandlung auslöst. Wir

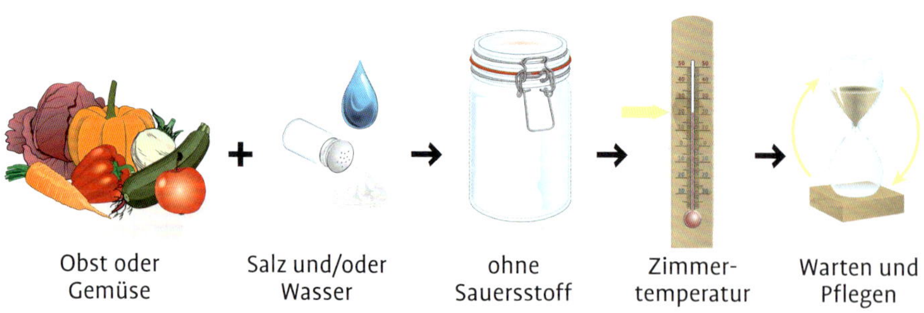

wollen allerdings nicht, dass unsere Früchte zu Erde zerfallen, sondern dass sie zu einem leckeren, nahrhaften und lange haltbaren Lebensmittel werden. Dabei helfen uns die sogenannten Milchsäurebakterien, indem sie Fruchtzucker und Kohlenhydrate in Milchsäure umwandeln und dadurch Obst und Gemüse konservieren. Sie können dies jedoch nur unter Ausschluss von Sauerstoff tun, weshalb die Früchte beim Fermentationsprozess immer unterhalb der Flüssigkeit bleiben müssen. Dies kann der eigene Fruchtsaft sein oder eine aus Wasser und Salz hergestellte Salzlake. Salz ist also die wichtigste Zutat, da es bei der Konservierung hilft und Flüssigkeit aus der Frucht zieht. Unter diesen Bedingungen und bei eher warmen Temperaturen dauert es zwischen einem Tag und sechs Wochen bis die Fermentation abgeschlossen ist. Je nach Obst- oder Gemüseart kann es anschließend noch eine Reifephase geben. Die entstandene Milchsäure gibt dem fertigen Ferment den klassisch säuerlichen Geschmack.

Milchsäurebakterien sorgen für einen ausgeglichenen Darm

Beim Gärprozess wird das Obst oder Gemüse also nicht von Bakterien zersetzt, sondern sozusagen vorverdaut. Ungesunde Stoffe werden umgewandelt, was normalerweise unser Darm erledigen würde. Verzehren wir regelmäßig milchsauer vergorene Lebensmittel, tragen deren Milchsäurebakterien dazu bei, dass sich im Darm ein Gleichgewicht aller lebensnotwendigen Mikroorganismen einstellt. Dieser Zusammenschluss von Kleinstlebewesen nennt sich Mikrobiom. Unser Körper ist demnach – genau wie das Einmachglas – ein Lebensraum für verschiedenste Bakterien, Hefen und Pilze, die sich ständig vermehren, absterben und wieder neu entstehen. Im Mikrobiom gibt es keine guten oder schlechten Bakterien, es gibt nur ein Gleichgewicht oder ein Ungleichgewicht. Ein gesundes Ambiente entsteht allerdings nicht nur durch die Arbeit der Mikroorganismen, sondern auch durch geeignete äußere Faktoren. Ein Ferment braucht einen ruhigen Ort, die richtige Temperatur, viel Liebe und Pflege, um gesund zu sein – genauso wie wir!

Warum selbst hergestellte Fermente gesünder sind

Früher wurde Sauerkraut mit den Füßen im großen Trog gestampft. Das muss man nicht zwingend nachmachen, doch genauso ist ein komplett steriles Arbeiten unnötig. Die Bakterien erschaffen sich das Gleichgewicht selbst und wir benötigen dazu eine Portion Vertrauen.

Gekaufte fermentierte Produkte sind oftmals pasteurisiert, weil sie bestimmte Hygienerichtlinien erfüllen müssen. Deshalb enthalten sie meist keine lebenden Mikroorganismen mehr und dienen nicht der Verbesserung der Darmflora. Daher geht nichts über das Selbermachen, um den Gärprozess lebensnah zu beobachten und sicher zu gehen, anschließend ein lebendiges Lebensmittel zu verzehren.

Verwenden wir regionale Früchte, vermehren sich ortsansässige Mikroorganismen. Nach Verzehr und guter Verdauung werden diese idealerweise am gleichen Ort wieder ausgeschieden und gehen zurück in den Kreislauf der Natur. So sieht man die Erde mit ganz anderen Augen und bekommt wieder ein Gefühl für diese kleinen Lebewesen. Die Angst vor Bakterien verfliegt und du kannst mit Genuss zuschauen, wie es im Glas brodelt und blubbert. Ohne Mikroorganismen gäbe es kein Leben und keine leckeren Fermente!

PRAKTISCH IM ALLTAG

Praktisches Fermentieren bedeutet, zu Hause ohne großen Arbeitsaufwand selbst Hand an zu legen, schwer zugängliche Zutaten zu vermeiden und dabei eine gesunde Variante zu zaubern, die lange hält und immer wieder aufs Neue verwandelt werden kann. Natürlich dürfen die Fermente gut schmecken, damit sie möglichst täglich auf den Tisch kommen!

WISSEN STATT REZEPT

Die Praxis des Fermentierens lässt viel Spielraum für Kreativität und wird gleichzeitig von Faktoren wie Raumklima und Wasserqualität beeinflusst, genauso wie der Standort und die Pflege eine Rolle spielen. Rezepte sind daher immer nur ein Anhaltspunkt. Was bei mir im Winter funktioniert, mag anderswo zu einer anderen Jahreszeit funktionieren. Häuser sind unterschiedlich gebaut und Feuchtigkeit wird von unterschiedlichen Wandmaterialien anders aufgenommen. Wasser aus der Leitung hat andere Merkmale als gefiltertes Wasser oder Wasser direkt aus einer Quelle. Darüber hinaus hat jeder seine eigenen Vorlieben.

Fermentieren ist vor allem ein Erlebnis, bei dem man nie genau weiß, wie es ausgeht. Experimentieren steht also im Vordergrund. Fermente sind lebendige Nahrung, die es zu beobachten lohnt. Deshalb sei offen für das Ergebnis, denn selbst bei identischem Rezept kommt fast nie genau dasselbe heraus. Doch hilft es enorm, die Eigenschaften der Zutaten sowie die Klimabedingungen zu beachten, da beides das Ergebnis beeinflusst. So ist anfangs ein Basiswissen und später die eigene Erfahrung zusammen mit einer großen Portion Vertrauen das beste Fermentationsrezept.

Aktivieren von Körnern

Die einfachste Art der Fermentation beginnt bereits beim Einweichen von Getreide, Hülsenfrüchten oder Nüssen. Man nennt dies auch Aktivierung, weil durch das Zugeben von Wasser der schlafende Samen geweckt wird, all seine Nährstoffe zur Verfügung stellt und Schadstoffe an das Einweichwasser abgibt. Auch der Sauerteig findet seine Bedeutung in der Vorverdauung von Getreide. Er wird lediglich aus Mehl und Wasser hergestellt und ist ein Ferment. Milchsäurebakterien zersetzen die Kohlenhydrate und es beginnt säuerlich zu brodeln. Ein Sauerteigbrot ist wesentlich leichter verdaulich als die schnelle Backmischung. Auch ein simples Einweichen von Haferflocken oder Körnern im Müsli, setzt Mikroorganismen wie Hefen oder Pilze frei und der Rohstoff kann rein und schadstofffrei verzehrt oder weiterverarbeitet werden. Lässt du übrigens aktivierte Nüsse anschließend wieder trocknen, werde sie dadurch wesentlich verdaulicher!

Die Ernte fermentieren

Bevor du beginnst, überlege dir am besten, wann und warum du bestimmte Obst- oder Gemüsesorten, Getreide oder Nüsse fermentieren möchtest. Jedes Lebensmittel hat spezielle Eigenschaften. So werden süßliche Gemüsesorten wie Rote Bete oder Möhren durch die Gärung angenehm säuerlich, während Obst seinen süßen Geschmack bei der Milchsäuregärung verliert und anschließend eher als Aroma oder Ferment für Rohkosttorten und Nuss-Joghurt dient. Auch der Salzgehalt spielt eine große Rolle für das Ergebnis deiner Fermentexperimente. Weiche Gemüsesorten wie Zucchini oder Paprika benötigen beispielsweise mehr Salz als harte, damit sie nicht matschig werden. Salz verlangsamt den Gärprozess und das Gemüse bleibt knackig. Genauso ist die Fermentation bei hohen Temperaturen wesentlich stärker, weshalb im Sommer etwas mehr Salz und im Winter etwas weniger verwendet wird.

MONDZYKLUS

Eine alte Tradition besagt, dass Sauerkraut früher nur bei Vollmond eingeschnitten wurde, da es sonst nicht gelingt. Ich selbst habe für mein voriges Buch zwei Nusslaibe (natürlich fermentierte, laktosefreie Käselaibe) ins Labor geschickt, um sie auf Milchsäurebakterien zu untersuchen. Und siehe da, der Laib, den ich bei Vollmond angesetzt hatte, enthielt 50 Prozent mehr Milchsäurebakterien als der andere. So wirken die Mondzyklen wohl nicht nur auf die Gezeiten, sondern auf viele weitere natürliche Prozesse unseres Lebens. Probiere es einfach selbst aus!

Welche Fermentationsmethode für welche Früchte?

- Wasserhaltige und fein gehobelte Obst- und Gemüsesorten werden nur mit Salz „trocken“ fermentiert, was der Frucht die nötige Flüssigkeit entzieht.
- Festes Obst oder Gemüse, ganz oder in Stücken, benötigen für die Gärung Salz und Wasser, um die Früchte unterhalb der Salzlake zu halten.
- Obst gärt im Gegensatz zu Gemüse oder Nusscremes wesentlich stärker, weil es mehr Zucker enthält. Daher besteht die Gefahr, dass sich eine alkoholische Gärung einstellt. Die Fermentationszeit sollte entsprechend kurz sein.
- Getreide enthält viele Kohlenhydrate (Glukose) und wird nur wenige Tage fermentiert. Es wird ohne Salz in Sauerteig oder Brottrunk verwandelt.
- Nüsse und Samen müssen mit Wasser püriert werden und benötigen eine Starterkultur, weil sie selbst zu wenige Mikroorganismen enthalten.

NUR DREI ZUTATEN

Das Schöne am Fermentieren ist, dass es ohne lange Zutatenliste auskommt. Man braucht nur das gewünschte **Obst oder Gemüse**, **Salz** und **Wasser**, wobei letzteres beim Trockenfermentieren nicht einmal benötigt wird und ein Sauerteig oder Apfelessig ganz ohne Salz lebendig wird. Natürlich tragen Gemüsekombinationen sowie die Zugabe von frischen Kräutern, Knoblauch oder anderen Gewürzen zu einem abwechslungsreichen Geschmack bei. Lass daher deiner Kreativität freien Lauf!

WENIGER IST MEHR

Mir wurde einmal gesagt, wenn ein Produkt mehr als vier Zutaten enthält, sollte man es besser nicht kaufen oder verzehren. Hört sich extrem an? Mag sein, doch schaut man genauer hin, sind nicht nur die gesündesten, sondern auch die schmackhaftesten Gerichte und Lebensmittel meist ganz einfach gestaltet – ohne großen Schnickschnack, ohne exotische Gewürze und interessanterweise ganz natürlich. Fermentiertes Obst und Gemüse gehören auf jeden Fall in diese Kategorie!

Salz

Es empfiehlt sich ein Steinsalz oder Meersalz zu verwenden, das nicht raffiniert ist und daher natürliche Mineralien zur Verfügung stellt. Jodsalz ist für das Fermentieren nicht geeignet, weil es antibakteriell wirkt. Außerdem enthält es Zusatzstoffe wie Rieselhilfen, die nicht in ein natürliches Ferment gehören.

Salz verdrängt während der Gärung zersetzende Mikroorganismen, damit die Milchsäurebakterien

Die Wirkung von Salz	
0 % Salz	Ganz ohne Salz kann zwar fermentiert werden, doch besteht die Gefahr, dass das Gemüse verrottet oder zumindest nicht sehr lange hält. Eine Ausnahme bilden Sauerteig, Brottrunk, Apfelessig und Kräuter.
1 % Salz	Diese minimale Menge Salz vertreibt eine Vielzahl der zersetzenden Mikroorganismen, so dass eine Fermentation sicher einsetzen kann.
2–4 % Salz	Dies ist die ideale Salzmenge, da sich Milchsäurebakterien wunderbar vermehren können. Obst oder Gemüse fermentiert schnell und effektiv mit bestem Ergebnis und Geschmack.
5 % Salz	Einige Milchsäurebakterien arbeiten bei diesem Salzgehalt bereits nicht mehr, was die Vielfalt etwas einschränkt.
10 % Salz	Mikroorganismen überleben nicht, daher ist keine Fermentation möglich. Die Lebensmittel werden lediglich konserviert, so wie beim Pökeln und beim Besprühen der Käserinde, um Schimmel zu vermeiden.

sich vermehren und die Kohlenhydrate in Milchsäure umwandeln können. Langsam gereifte Fermente sind schmackhafter, weshalb der Salzgehalt immer mit der entsprechenden Fruchtart, ihrem Wassergehalt und der Raumtemperatur abgestimmt wird. Je mehr Salz, desto langsamer setzt die Fermentation ein. Hohe Temperaturen beschleunigen die Gärung, weshalb du im Sommer ruhig etwas mehr Salz verwenden kannst.

Wasser

Die Wasserqualität ist heutzutage nicht immer perfekt. Leitungswasser enthält oft Schadstoffe von Wasserleitungen oder andere Abfallprodukte. Natürliche Bakterien sind aufgrund von Desinfektion meist gar nicht mehr enthalten. Es heißt, dass geringe Mengen Chlor nach dreißigminütigem Abkochen verfliegen. Doch besser ist ein Wasserfilter, der auch andere Chemikalien entfernt. Eine Wasseranalyse kann helfen, oder man greift auf

stilles Mineralwasser zurück, da die Wasserqualität die Fermentation beeinflusst. Während die Mikroorganismen von Obst oder Gemüse ihr Gleichgewicht im Weckglas selbst finden, werden sie dagegen von chemischen Stoffen abgetötet. Jedoch binden Milchsäurebakterien Schwermetalle, die in Leitungswasser oder auch in mit Pestiziden behandeltem Obst und Gemüse enthalten sind. Darum sind Fermente hervorragend zur Entgiftung geeignet, genauso wie die Milchsäuregärung herkömmliches Obst und Gemüse anreichern und mit neuem Leben versehen kann.

Manch einer mag den Unterschied verschiedener Wasserarten und deren Auswirkungen nicht gleich erkennen. Genauso wie ein Gramm Salz mehr oder weniger doch keinen Unterschied machen kann! Oder etwa doch? Es sind sehr feine Geschmacksnoten und Empfindungen. Doch eines ist klar: Je mehr du Fermentiertes in dein Leben einbaust, desto ausgeprägter wird dein Gefühl für natürliche Nahrung.

Kräuter und Gewürze

Für aromatische Abwechslung und bunte Farben sorgen Kräuter und Gewürze. Verwende sie eher in geringen Mengen, da sich der Geschmack bei der Gärung verändert und meist intensiver wird. Sellerie, Fenchel, Zwiebeln und Knoblauch kann man zwar auch alleine fermentieren, doch erzeugt eine kleine Zugabe dieser Gemüsesorten eine würzige Note. Ingwer und Kurkuma sind bei uns zwar nicht heimisch, doch aufgrund ihres speziellen Aromas sehr beliebt. Beides gedeiht in unseren Breitengraden im Blumentopf – also selbst anbauen oder einfach mit Bedacht verwenden. Eine heimische pikante Wurzel ist der Meerrettich, der Fermente rustikal verfeinert. Nicht nur der Geschmack dieser Knollen und Wurzeln ist einzigartig, sie konservieren das gegorene Gemüse zusätzlich, was vor allem bei Kräutern, Pesto oder Blüten sinnvoll ist. Pfeffer, Senf und Chili sowie Nelken und Zimt haben ähnliche Eigenschaften und sind schöne Geschmacksgeber bei diversen Obst- und Gemüsesorten.

WECKGLAS, HOBEL & CO.

Es braucht keine ausgefallenen Küchenhelfer, um die Welt des Fermentierens zu entdecken. Mit gewöhnlichen Schüsseln und Einmachgläsern kann man auf jeden Fall beginnen. Wer Freude am Fermentieren findet, wird gerne auf einige spezielle Utensilien zurückgreifen.

- **Küchenwaage** für das Abwiegen von Gemüse, Obst, Nüssen und Salz. Diese sollte möglichst auf 1 Gramm genau sein.
- **Schüsseln** oder andere Behälter zum Abwiegen und Umschichten bei der Verarbeitung.
- **Messbecher** zum genauen Abmessen von Wasser. Und je nach Wasserqualität kommt ein Wasserkocher zum Einsatz.
- **Tablett** oder Backblech zum Aufstellen der fertigen Weckgläser sowie Küchenpapier, um das Blech auszulegen, da bei der Gärung Flüssigkeit austreten kann.
- **Messer und Holzbrett**, um Obst und Gemüse kleinzuschneiden.
- **Gemüsereibe:** Manche Gemüsesorten fermentieren und schmecken besser, wenn sie gerieben sind. Für die Herstellung von Sauerkraut – vor allem in großen Mengen – bietet sich ein Sauerkrauthobel an.
- **Sauerkraut- oder Kartoffelstampfer** zum Stampfen und Brechen der Krautfasern.
- **Stabmixer oder Blender**: Diese Helfer sind essentiell für fermentierte Nuss-Joghurt und -Frischkäse oder andere Arten der Weiterverarbeitung von Fermenten.
- **Silikonspachtel** sind ebenso für Nussmilchprodukte äußerst praktisch, um den Blender auszukratzen sowie Laibe zu formen und glattzustreichen.
- **Sieb und Baumwolltücher** benötigt man bei der Weiterverarbeitung, um Früchte von ihrem Saft zu trennen oder zur Kräuterfermentation.

Einmachgläser

Ideal sind Weckgläser mit Gummiring, da diese die bei der Gärung entstehende Gase aus dem Glas heraus-, aber keine Luft hineinlassen. So entsteht auch gewöhnlich kein Schimmel auf der Oberfläche. Je nachdem, wie voll das Glas ist, kann lediglich in der ersten Woche des Fermentationsprozesses ein wenig Flüssigkeit austreten. Hast du kein passendes Weckglas, kannst du ein gewöhnliches Einmachglas mit Metalldeckel verwenden. Lege einfach ein Stück sauberes Backpapier oder Plastikfolie zwischen Glas und Deckel, damit der Deckel nicht mit der Flüssigkeit in Kontakt kommt und oxidiert. Schraube den Deckel nur leicht zu, damit Luft austreten kann und sich kein Druck im Glas aufbaut.

Erst wenn der Fermentationsprozess abgeschlossen ist, kann der Deckel fest verschlossen werden. Eine dritte Möglichkeit ist, das Glas gar nicht zu verschließen, sondern nur mit einem Tuch abzudecken, damit kein Schmutz hineingerät. Auf diese Art wird auch Sauerkraut im Eimer fermentiert: Teller und Gewicht aufs Kraut und Tuch drüber!

Gewicht zum Beschweren

Um Gemüse und Früchte im Weckglas unter der Wasseroberfläche zu halten, brauchen wir etwas zum Beschweren. Es kann ein entsprechend kleineres, mit Wasser gefülltes Einmachglas sein, das in die Öffnung des größeren Glases passt. In diesem Fall reicht es, die Gläser mit einem Tuch abzudecken. Ist dir ein verschlossenes Glas lieber, verwendest du einen Minibehälter oder ein kleines Schälchen dazu, die Früchte im Glas unter die Wasseroberfläche zu drücken. Wichtig ist dabei, dass jegliches Gewicht sauber ist. Am allereinfachsten ist es jedoch, sich ein großes festes Kohlblatt aufzuheben, dieses zu falten und mit dem gebogenen Strunk als Abschluss in das Einmachglas zu drücken.

WELCHES MATERIAL ZUR AUFBEWAHRUNG?

Fermentiertes sollte nicht mit Metall in Kontakt kommen, da dies oxidiert. Besteck aus Edelstahl kannst du verwenden, um Fermente aus dem Weckglas zu nehmen, ein Edelstahlbehälter zur Aufbewahrung eignet sich jedoch nicht. Glas- oder Kunststoffbehälter sind hier die bessere Wahl. Auch wenn Plastik heute nicht mehr das attraktivste Material ist, eignet es sich gut beim Fermentieren. Erhitzt wird darin nichts, es ist leichter als Glas oder Porzellan und daher für große Mengen praktisch. Man muss sie ja nicht neu kaufen, aber so haben alte Behälter und Schüsseln bei Ernteschwämme immerhin noch eine Aufgabe und landen nicht auf dem Müll.

DIE FERMENTATIONS-METHODEN

Entdecke hier die Kunst des Fermentierens mit ihren verschiedenen Techniken für die Milchsäuregärung von Obst, Gemüse, Kräutern oder Nüssen.

Trockenfermentieren (mit Salz, ohne Wasser)

Saftiges Obst und wasserhaltiges Gemüse werden nur mit Salz fermentiert. Man benötigt weder Wasser noch Salzlake. Das Salz alleine zieht genügend Flüssigkeit aus den gehobelten Früchten, so dass sie im Einmachglas von ihrem eigenen Saft bedeckt werden können. Kohlgemüse wird zusätzlich gestampft, um die Fasern zu brechen und damit mehr Flüssigkeit austritt. Mehr Informationen dazu findest du ab Seite 32.

In Salzlake (mit Salz & mit Wasser)

Obst und Gemüsesorten, die wenig Wasser enthalten oder in große Stücke geschnitten werden, benötigen eine Salzlake, damit sie mit ausreichend Flüssigkeit bedeckt werden können. Der Salzgehalt richtet sich nach Festigkeit der Frucht sowie Raumtemperatur und beträgt zwischen 2 und 4 Prozent. Beispiel: Für eine 3-prozentige Salzlake werden 30 g Salz mit 1 Liter Wasser gemischt. Hier wird das Gewicht der Früchte nicht mitgerechnet, weshalb der Salzgehalt der Lake immer höher ist als beim Trockenfermentieren. Wer es ganz genau wissen will, muss Gemüse und Wasser zusammen abwiegen und dann auf das Gesamtgewicht die Salzmenge berechnen (s. ab S. 42).

Ohne Salz, mit Wasser

Eine Essiggärung entsteht lediglich aus Äpfeln und Wasser genauso wie ein Sauerteigansatz nur Mehl und Wasser benötigt. Bei dieser Methode musst du das Ferment täglich umrühren und genau beobachten (s. S. 86).

Ohne Salz & ohne Wasser

Kräuter werden ohne weitere Zutaten während einer kurzen Gärzeit von nur 1 bis 2 Tagen im eigenen Saft fermentiert und anschließend getrocknet (s. ab S. 74).

Mit Starterkulturen

Nüsse und Samen sind trockene Nahrungsmittel, die bereits eine gewisse Zeit gelagert wurden, und daher weder Flüssigkeit noch genügend Milchsäurebakterien enthalten. Sie müssen vor Gebrauch eingeweicht – also aktiviert – werden, damit Bakterien erwachen und Hefen oder Pilze ausgespült werden. Für die Fermentation musst du ihnen eine lebendige Starterkultur zusetzen. Dieser Starter kann die Flüssigkeit eines Obst- oder Gemüseferments sein – also der Ferment-Saft oder Ferment-

Essig – oder die fermentierten Früchte selbst. Für die pürierte Nusscreme verwendet man gewöhnlich ein Viertel Starterflüssigkeit und drei Viertel Wasser. Salz oder Zucker ist für den Gärungsprozess nicht notwendig, aber ggf. für den Geschmack wichtig. Diese Art der Fermentation eignet sich für Nuss-Joghurt, -Quark, -Frischkäse, Nusslaibe, Aufstriche, Püree und probiotische Getränke. Mehr Informationen dazu findest du ab Seite 90.

Mischformen

Es gibt auch Mischformen der bereits beschriebenen Techniken. Du kannst jederzeit Salzlake dazu gießen, falls das Obst oder Gemüse beim Trockenfermentieren nicht genügend Wasser zieht. Tut sich in den ersten Tagen bei der Gärung nichts, kann ein kleiner Schuss eines Starters helfen. Mehr Informationen dazu findest du ab Seite 62.

Trocknen und Reifung

Wurden Nüsse mit einer Starterkultur zu Frischkäse verarbeitet, kannst du diesen auch trocknen. Samen und Kerne enthalten pflanzliches Fett und eignen sich bestens dafür, pflanzliche Käselaibe zu formen und reifen zu lassen (s. S. 102). Püriertes Obst dagegen wird zu einer gelartigen Masse, die getrocknet als Müsliriegel oder Fruchtgummi Verwendung findet (s. S. 110 u. 118). Aus Getreide und Fermenten lässt sich ein milchsaures Brot herstellen (s. S. 108) und fermentierte Kräuter werden zu einem exquisiten und aromatischen Tee – die gesunde Variante des Schwarztees (s. S. 74). Richtig aufbewahrt gilt für viele Fermente: je reifer, desto besser!

Weiterverarbeitung

Aus fermentiertem Obst oder Gemüse kannst du köstliche Lebensmittel und Speisen zubereiten. Pürierte Nüsse oder Kerne werden zu Brotaufstrich oder Rohkosttorte mit besonderer Note (s. S. 116).

GESCHMACKVOLLE REIFUNG

Fermente sind schnell gemacht, doch der Gärprozess dauert eine Weile, so wie alles in der Natur Zeit zum Wachsen und Reifen braucht. Daher ist Geduld eine wichtige Zutat, um Obst oder Gemüse zu fermentieren.

Temperatur und Standort

Konsistenz und Aroma von Fermenten ist stark von der Jahreszeit abhängig, in der die Gärung stattfindet. Hohe Temperaturen beschleunigen die Fermentation. Setzt du also ein Ferment im Sommer an, empfiehlt es sich, einen eher kühlen Ort im Haus zu finden. Der Spätsommer oder Herbst ist schon allein wegen der Erntezeit der beste Moment zum Fermentieren. Generell empfehlen sich Temperaturen zwischen 14 und 20 °C. Weitere Schwankungen sollten möglichst nicht unter 10 °C oder über 24 °C liegen. Wie bereits erwähnt, kann man mit einem etwas höheren Salzgehalt hohen Temperaturen gegensteuern.

Auch der Ort, wo die Fermente stehen, wirkt sich auf den Geschmack aus. Feuchte Räume können Schimmelbildung auf der Oberfläche hervorrufen. Gänge mit Durchzug beeinflussen die lebendige Arbeit im Glas, denn Fermente brauchen Ruhe! Deshalb möchten sie auch nicht ständig hin- und hergetragen werden, sondern benötigen – genau wie wir – einen gemütlichen Platz zum Wohlfühlen.

LIEBEVOLLER UMGANG

Genauso wie man im Umgang mit Pflanzen einen grünen Daumen haben kann, ist es gar nicht schwer, den grünen Daumen für Fermente zu entwickeln. Du musst dir nur klar machen, dass du lebende Organismen züchtest. Diese wollen an einem schönen Ort gedeihen, so wie Pflanzen einen bestimmten Standort brauchen und man sich ein wenig um sie kümmern muss.

Beobachten und pflegen

Während der Wartezeit gibt es an sich nicht viel zu tun, doch es lohnt sich, hin und wieder einen Blick in die Gläser zu werfen. Denn auch deine Aufmerksamkeit und Hingabe tragen dazu bei, dass sich die tummelnden Mikroorganismen richtig entfalten und ein schmackhaftes Endprodukt erzeugen. Manchmal tritt zu viel Flüssigkeit aus, so dass es zu trocken im Glas wird. Je nach Abdeckung kann sich ein wenig Schimmel auf der Oberfläche bilden, den man leicht beseitigen kann. An dieser Stelle ist es wichtig, das Gefühl für eine gesunde Gärung zu entwickeln. Wie Probleme gelöst werden, erfährst du im nächsten Kapitel (s. S. 26).

Gärzeit

Die Hauptfermentation dauert zwischen einem Tag und mehreren Wochen. Du kannst deine Fermente zwischendurch jederzeit probieren. Dabei merkst du, wie sich ihr Geschmack verändert. Je länger ein Ferment gärt, desto saurer wird es, weil die meisten Kohlenhydrate – also der Zucker – in Milchsäure verwandelt werden. Nach der Hauptfermentation stellst du die Weckgläser an einen kühlen und dunklen Ort. Am besten eignen sich Speisekammer, Keller oder ein anderer unbeheizter Raum sowie der untere Teil des Küchenschranks. Nur bei sensiblen Obstgärungen, weichem Gemüse oder probiotischen Getränken, werden Fermente im Kühlschrank aufbewahrt. Du kannst übrigens den Gärprozess auch jederzeit selbst unterbrechen (z. B. wenn es dir zu sauer wird), indem du das Glas fortan im Kühlschrank aufbewahrst. Ebenfalls hilft es, die Früchte vom Saft zu trennen, damit sie bissfest bleiben. Bedenke, dass die Gärung nie komplett aufhört, sondern sich lediglich auf ein Minimum reduziert.

JEDEM FERMENT SEIN AROMA

Bedenke, dass jedes Glas sein eigenes Mikroklima und somit ein spezielles Aroma entwickelt. Das ist gerade das Schöne am Fermentieren, dass nicht immer alles gleich schmeckt. So ist der wohl herausforderndste Moment das Warten, bis der richtige Tag zum Probieren gekommen ist!

	Fermentation	Reifung	Haltbarkeit
Obst	3–7 Tage	beliebig	1–2 Jahre
Gemüse	1–6 Wochen	beliebig	1–2 Jahre
Kräuter	1–2 Tage	1–2 Wochen	1–2 Jahre
Apfelessig	7 Tage	6 Wochen	1–2 Jahre
Nuss-Joghurt, Nuss-Frischkäse	12–48 Stunden	–	1–3 Wochen
Nusslaibe	48 Stunden bis 1 Monat	1–6 Monate	1–3 Jahre eingeschweißt

INTUITIVE PFLEGE

Den richtigen Riecher für eine gesunde Fermentation entwickelst du, wenn du deiner Intuition vertraust. Mit der Zeit spürst du genau, wann ein Ferment fertig ist oder ob es Probleme bei der Gärung gibt. Meistens jedoch können Fermente gar nicht schlecht werden, weil die Bakterien ihr Gleichgewicht schaffen und unter der Wasseroberfläche ein gesundes Ambiente herrscht. Deine Intuition verrät dir übrigens auch, wie du Fermente verzehren oder weiterverarbeiten kannst, und in welchen Mengen sie deinem Körper guttun.

Typisch bläulich verfärbter Knoblauch

Gasbildung, Geruch und Farbe

Wenn im Glas gar nichts passiert, könnte etwas schiefgelaufen sein. Denn es ist ganz normal, dass Fermente brodeln und Gase die Flüssigkeit bis durch den Deckel hinausdrängen – mitunter auch mit luftigen Geräuschen. Deshalb ist es sinnvoll, die Gläser nicht randvoll zu füllen und sie zusätzlich auf ein mit Küchenpapier ausgelegtes Tablett zu stellen. Tritt sehr viel Flüssigkeit aus, kannst du etwas Salzlake nachgießen, damit der obere Teil des Gemüses nicht austrocknet. Der typisch säuerliche Geruch ist etwas gewöhnungsbedürftig und beginnt meist erst nach einigen Tagen oder einer Woche. Die meisten Fermente verlieren im Laufe der Zeit leider ihre bunte Farbe und werden etwas trüb. Andere können sich blau oder grün verfärben, wie Knoblauch in Salzlake, was sich aber weder auf den Geschmack noch auf die Gesundheit auswirkt.

Flüssigkeit

Sollte beim Trockenfermentieren zu wenig Flüssigkeit entstehen, lag das Gemüse vielleicht bereits längere Zeit im Handel. Das Problem ist schnell gelöst: du gibst einfach etwas Salzlake dazu. Dabei prozentual den gleichen Salzgehalt wie bei der Zubereitung verwenden und das Obst oder Gemüse komplett mit Lake bedecken. Geschmacklich kann sich das Ferment dadurch geringfügig verändern.

Umgang mit Kahmhefe

Nicht jeder Belag auf der Oberfläche der Ferment-Flüssigkeit oder auf einem Nusslaib ist ein Schimmelpilz. Kahmhefe bildet eine Schicht von weißen Flecken, die völlig harmlos ist. Dies deutet nämlich darauf hin, dass das Ferment gesund ist, lebt und fleißig Milchsäurebakterien produziert. Sie kann sogar verzehrt werden, wobei ich sie lieber abschöpfe oder abkratze, vor allem größere Mengen. Kleine Reste bleiben einfach in der Flüssigkeit und verflüchtigen sich mit der Zeit von selbst.

Schimmel auskurieren

Wird einmal etwas schimmelig, braucht man nicht gleich das ganze Ferment wegzuwerfen. Bei Weckgläsern mit Gummiring kann Luft ausweichen, aber es gelangt keine Luft hinein, weshalb so gut wie nie Schimmel entsteht. Wird ein normales Einmachglas mit einem Gewicht beschwert, so dass es offen stehen bleibt oder wird Sauerkraut im Eimer fermentiert, können sich auf der Oberfläche oder auf der Kahmhefe Schimmelpilze bilden. Diese kannst du mit einem Löffel abschöpfen und entsorgen. Unterhalb der Wasseroberfläche arbeiten die Milchsäurebakterien an einem gesunden Ambiente. Beim Trocknen von Nuss- oder Gemüselaiben kann man die Laibe einmalig mit 15-prozentiger Salzlake einsprühen, um Schimmelbildung zu vermeiden. Entsteht trotzdem Schimmel auf der Oberfläche, die Stelle einfach abkratzen, da sich der Laib während der Trockenphase selbst auskuriert. So heilen Fermente sich selbst, weil die Bakterien an der Gesundung arbeiten. So ähnlich läuft es auch in unserem Körper ab. Die Mikroorganismen sind ständig bestrebt, ein gesundes Gleichgewicht zu schaffen.

Kahmhefe auf einem Gemüselaib

Kahmhefe auf fermentiertem Pesto

Sauberkeit

Natürlich muss beim Fermentieren auf Sauberkeit geachtet werden. Wir brauchen allerdings kein desinfiziertes Zubehör und müssen auch nicht unsere Hände mit Alkohol reinigen. Im Gegenteil: Wir brauchen die Mikroorganismen für die Fermentation, weshalb wir sie nicht mit Alkohol abtöten wollen. Es reicht also, Geräte und Hände gründlich mit Wasser zu waschen und abzutrocknen sowie eine saubere Arbeitsplatte oder ein Holzbrett zu verwenden. Außerdem macht es Sinn, jeweils vor der nächsten Obst- oder Gemüsesorte die Utensilien erneut zu säubern.

ALLES WICHTIGE FÜR DIE PRAXIS

Jetzt geht's los, die Weckgläser wollen gefüllt werden! Am Anfang eines jeden Kapitels beschreibt die Foto-Anleitung alles rund um die entsprechende Fermentationsmethode. Auf den darauffolgenden Obst- und Gemüseseiten findest du die hier aufgelisteten Infos **für die jeweilige Frucht** mit Rezept und Zutaten für eine erprobte Lieblingsversion sowie Variationen:

- **Erntezeit**: Je frischer das Gemüse ist, desto mehr Mikroorganismen und Flüssigkeit sind darin enthalten, was beides eine erfolgreiche Fermentation garantiert. Daher ist es sinnvoll, seine Fermente regional in der entsprechenden Jahreszeit zuzubereiten.
- **Konsistenz**: Die Salzmenge variiert, je nachdem, wie weich oder hart das Obst oder Gemüse ist und wie klein du es geschnitten hast. Ziel ist, dass die Fermente nicht zu weich oder matschig werden, sondern bissfest und knackig bleiben.
- **Fermentationsart**: Der Wassergehalt, also wie viel Flüssigkeit das Salz allein aus den Früchten ziehen kann, entscheidet darüber, ob mit oder ohne Salzlake fermentiert wird. Ebenso spielen Konsistenz und Schnittart eine Rolle.
- **Salzmenge**: Diese wird aufgrund der Konsistenz bestimmt und auf die Raumtemperatur sowie die Jahreszeit angepasst. Ideal für die Gärung ist Zimmertemperatur oder etwas kühler zwischen 14 und 20 °C, möglichst nicht unter 10 °C und nicht über 24 °C. Beim Fermentieren im Sommer (ab 20 °C) wird die größere angegebene Salzmenge verwendet, während im Herbst und Winter (10 bis 16 °C) die niedrigere Salzangabe gilt – der Mittelwert ist für mittlere Temperaturen. Der Einfachheit halber steht bei den Rezepten „Zimmertemperatur". Berücksichtige daher die Raumtemperatur, den Standort der Weckgläser sowie die Jahreszeiten.
- **Zubereitung**: Reiben, in Streifen oder Scheiben hobeln, in Stücke schneiden oder stifteln – generell ist alles möglich, doch es gibt klassische Zubereitungsarten, die oft auch ihren Grund haben, weil sie zum

SCHNIPPELN

Je kleiner oder dünner geschnitten, desto mehr Oberfläche bieten die Früchte. Verwende hierfür etwas mehr Salz als bei in großen Stücken geschnittenen Früchten und beachte ebenfalls die Konsistenz.

Gemüse oder Obst passen und sich positiv auf die Fermentation auswirken. Doch der Kreativität sind keine Grenzen gesetzt.

- **Fermentationszeit**: Die Gärung kann zwischen 1 Tag und 6 Wochen dauern. Die ersten 1 bis 2 Wochen gelten jedoch als Hauptfermentation, die bei Zimmertemperatur stattfindet. Danach stellst du das Glas in die Speisekammer, den Keller oder an einen kühlen, trockenen und dunklen Platz in Haus oder Wohnung, wo es leicht weiter gärt und nachreifen kann. Das Gewicht kannst du nach der Hauptfermentation herausnehmen und das Ferment bereits probieren. Die Kohlblätter bleiben drin.
- **Reifung**: Meist schmeckt Fermentiertes besser, wenn es noch etwas nachreift. Vor allem Sauerkraut wird bekömmlicher. Nussmilchprodukte verändern durch eine Reifung ihren Geschmack oder verwandeln einen Frischkäse in einen Nusslaib. Einige Fermente schmecken sogar besser, je älter sie sind.
- **Variation**: Hier gibt es Vorschläge für kreative Zusammenstellungen von Obst- und Gemüsesorten sowie Gewürzideen.
- **Genießen:** An dieser Stelle findest du Ideen, wie das Ferment am besten verzehrt wird, zu welchem Gericht es passt und wie die Früchte oder ihr Saft in neue Speisen verwandelt werden können.

Allgemeines zu den Anleitungen

- **Mengenangaben**: Die Kilo- oder Grammangaben von Obst oder Gemüse beziehen sich immer auf das bereits gesäuberte und kleingeschnittene Gemüse. Je nach Schneideart passen entsprechend mehr oder weniger Früchte sowie Salzlake ins Glas.
- **Behälter**: Die Anleitungen sind für Weckgläser mit Gummiring gedacht, damit entstehende Gase hinaus, aber keine Luft hineinkommt. Da es um Vorräte geht, sind die Mengen etwas üppiger gestaltet, meist für große Weckgläser mit 1–3 Litern Inhalt.
- **Hygiene:** Küchenutensilien müssen nicht desinfiziert, jedoch sauber sein. Angebrochene Fermente immer mit sauberem Besteck herausnehmen, da Brotkrümel oder andere Essensreste im Einmachglas sowie in Nuss-Joghurt oder -Frischkäse das Ferment verderben können!
- **Haltbarkeit**: Fermente halten generell bis zur nächsten Ernte, also mindestens ein Jahr. An einem trockenen und kühlen Ort können sie jedoch wesentlich länger aufbewahrt werden. Ein angebrochenes Glas sollte im Kühlschrank stehen. Fermentiertes muss fast nie weggeworfen werden. Selbst wenn der Geschmack mal nicht so gut geraten ist, kannst du es weiterverarbeiten. Die letzte Transformation ist das Dörren oder Trocknen, was ein Ferment so gut wie unendlich haltbar macht.

EINFACH WILD FERMENTIEREN

Wilde Fermentation bedeutet, dass wir uns die natürlich existierenden Mikroorganismen zunutze machen. Nur mit Salz und Wasser können sich diese Bakterien wild in unserer Küche vermehren und den Fermentationsprozess in Gang setzen. Einmal hergestellt, kannst du Fermente immer wieder erneuern oder weiter fermentieren. Tausche Starterkulturen unter Freunden aus, um noch mehr wilde Geschmäcker zu kreieren.

GEMÜSE TROCKEN-FERMENTIEREN

Traditionell werden die meisten Kohlsorten nur mit Salz fermentiert, da sie genügend Flüssigkeit ziehen. Bei Wurzelgemüse funktioniert das auch, wenn es noch nicht zu lange gelagert wurde und in geriebener Form gegoren wird – oder mit Kohl gemischt.

Vorbereiten

Die äußeren Blätter vorsichtig vom Kohlkopf entfernen, waschen und für später aufheben. Dann die Kohlköpfe vierteln, den Strunk entfernen und wiegen.

Die Salzmenge dem Gewicht entsprechend berechnen und das Salz exakt abwiegen. Für 1 Kilo Gemüse braucht man in der Regel zwischen 20 und 30 g Salz. Nun den Kohl mit einem Sauerkrauthobel oder einer großen Gemüsereibe hobeln. Alternativ mit einem Gemüsemesser in dünne Streifen schneiden.

Verarbeiten

In eine große Schüssel mit möglichst flachem Boden eine Schicht gehobelten Kohl geben und etwas des abgewogenen Salzes darüber streuen. Mit einem Holz- oder Kartoffelstampfer solange stampfen, bis Saft austritt. Nun die nächste Schicht Kohl mit etwas Salz darauf geben, und wieder stampfen. So weiter verfahren, bis Kohl und Salz aufgebraucht sind. Für weniger Stampfarbeit, das gesalzene Gemüse eine Stunde lang stehen lassen. So zieht das Salz von ganz alleine Wasser aus dem Kohl. Abschließend alles mit den Händen vermengen und etwas kneten, so dass so viel Saft wie möglich austritt.

Fermentieren

Nun das Kraut an einem ruhigen Ort bei Zimmertemperatur für 4 bis 6 Wochen fermentieren lassen. In der ersten Woche kommt es zu Gasbildung und es ist möglich, dass Flüssigkeit austritt. Daher am besten das Glas auf einen Teller mit einem Küchenpapier stellen. Nach 2 Wochen ist die stärkste Fermentationsphase abgeschlossen, doch sollte das Kraut weitere 2 bis 4 Wochen nachreifen. Dafür kannst du es an einen kühleren Ort stellen und immer mal wieder kosten.

Pflegen

Wird das Kraut beim Fermentationsprozess im oberen Teil der Gläser zu trocken, weil zu viel Flüssigkeit ausgetreten ist, einfach etwas 2- bis 3-prozentige Salzlake anrühren oder mit dem übriggebliebenem Sauerkrautsaft auffüllen, bis das Gemüse wieder bedeckt ist.

Fertig

Nach insgesamt 4 bis 6 Wochen ist das Kraut zum Verzehr bereit oder wird für den Wintervorrat eingelagert. Nun sollte keine weitere Flüssigkeit mehr austreten. Das Gewicht kannst du vor der Lagerung herausnehmen. Ein abdeckendes Kohlblatt kann im Glas bleiben und wird erst vor Gebrauch entsorgt.

Befüllen

Zuerst die sauberen Weckgläser mit dem Kraut befüllen, herunterdrücken und am Ende den entstandenen Saft gleichmäßig auf die Gläser verteilen. Das Glas nicht komplett voll machen. Es sollten ca. 2 bis 3 cm bis zum Rand frei bleiben. Denn jetzt wird noch eines der beiseitegelegten äußeren Kohlblätter zusammenfaltet und abschließend ins Glas gelegt. Das Blatt möglichst bis unter den Glashals drücken, damit das gehobelte Kraut unter der Wasseroberfläche bleibt. Den möglicherweise übriggebliebenen Saft in Flaschen füllen und im Kühlschrank aufbewahren. Bedenke, dass dieser nicht fermentiert ist, er dient lediglich zum Auffüllen, falls das Kraut während der Gärung im Glas zu trocken wird.

WEISSKOHL MIT KURKUMA

Diese Abwandlung des klassischen Sauerkrauts, das nur mit Salz fermentiert wird, benötigt lediglich ein Ministück Kurkuma für die hellgelbe, exotische Note. Besonders glücklich macht es, wenn du die kleine Wurzel selbst gezogen hast.

Erntezeit: Juni bis November
Konsistenz: mittel bis hart, feste Fasern
Fermentationsart: Trockenfermentieren
Salzmenge: 20–30 g pro Kilo geschälte und kleingeschnittene Kohlköpfe

Zutaten für ein Weckglas (2 Liter):

- 2 kg Weißkohl (1–2 Kohlköpfe), geviertelt ohne Strunk, äußere Blätter aufheben
- 40–60 g Salz (im Winter 40–50 g, im Sommer 50–60 g)
- Gewürze: 30 g frischer Kurkuma, kleingeschnitten (oder 1 EL Kurkumapulver)

Zubereitung: ca. 30 Minuten

- Den Kohl vierteln und fein hobeln oder mit dem Messer in dünne Streifen schneiden. Mit dem Salz schichtweise in einer Schüssel stampfen, bis Saft austritt.
- Danach die Kurkumawurzel in kleine Stücke schneiden (Vorsicht, sie färbt die Finger) und unter das Sauerkraut mischen (alternativ Kurkumapulver verwenden).
- Alles ins Weckglas füllen und kräftig herunterdrücken, damit der Kohl mit Flüssigkeit bedeckt ist. Eines der beiseitegelegten Blätter falten und als Abschluss auf das Sauerkraut legen. Der feste Stiel soll den Kohl unter der Flüssigkeit halten.
- Das Glas verschließen und zum Fermentieren bei Zimmertemperatur an einen ruhigen Ort stellen.

Fermentationszeit: 1–2 Wochen Hauptfermentation
Reifung: 4–6 Wochen

Variation: Hübsch und lecker ist Weißkohl mit geriebenen Möhren oder Roter Bete – oder beidem. Würzig wird Sauerkraut mit Fenchelgrün, frischem Dill oder roten Zwiebeln. Beliebte trockene Gewürze sind Kümmel und Koriander.
Genießen: Sauerkraut schmeckt kalt zu jeder Brotzeit oder zu gekochten Kartoffeln mit Kräuter-Sonnenblumenkern-Quark. Sauerkrautsaft ist sehr gesund und hilft beim Entgiften. Außerdem kann man damit hervorragend Nuss-Frischkäse oder -Joghurt fermentieren und sogar Brot backen.

PFIRSICH-ROTKOHL

Obwohl eher bekannt als gekochte Beilage, überrascht dieser farbenfrohe, fermentierte Rotkohl mit fruchtiger Note und bleibt lange frisch und knackig!

Erntezeit: Juni bis November
Konsistenz: mittel bis hart, feste Fasern
Fermentationsart: Trockenfermentieren
Salzmenge: 20–30 g pro Kilo geschältes und kleingeschnittenes Gemüse

Zutaten für ein Weckglas (1 Liter):

- 900 g Rotkohl (1 Kohlkopf), geviertelt ohne Strunk, äußere Blätter aufheben
- 100 g Pfirsiche (1–2 Stück), entsteint und nach Bedarf geschält
- 20–30 g Salz (im Winter 20–25 g, im Sommer 25–30 g)

Zubereitung: ca. 30 Minuten

- Den Rotkohl vierteln und hobeln oder mit dem Messer in dünne Streifen schneiden. Mit dem Salz schichtweise in einer Schüssel stampfen, bis Saft austritt.
- Die Pfirsiche nach Belieben schälen, in Stücke schneiden und unter den gestampften Rotkohl mischen.
- Alles in das Weckglas füllen und kräftig herunterdrücken, damit der Kohl mit Flüssigkeit bedeckt ist. Eines der beiseitegelegten äußeren Blätter falten und als Abschluss ins Glas legen und damit den Rotkohl unter der Flüssigkeit halten.
- Das Glas verschließen und nun zum Fermentieren bei Zimmertemperatur an einen ruhigen Ort stellen.

Fermentationszeit: 1–2 Wochen Hauptfermentation
Reifung: 4–6 Wochen

Variation: In einen klassischen Rotkohl gehören Äpfel, Zwiebeln, Zimt und Nelken. Rot- und Weißkohl, im Verhältnis 1:2 gemischt, ergeben ein schickes rosafarbenes Sauerkraut!
Genießen: Als farbenfroher Hingucker schmeckt gegorener Rotkohl perfekt zu einer rustikalen Brotzeit, zu Spätzle oder Knödeln. Sein Saft ist pur sehr gesund, und man kann damit Nuss-Frischkäse oder -Joghurt fermentieren.

WIRSING MIT GELBER BETE

Wem klassisches Sauerkraut zu kräftig ist, sollte feinen Wirsingkohl probieren. Er ist etwas milder im Geschmack und weicher als Rot- oder Weißkohl. Der leicht gekräuselte Kohlkopf lässt sich ideal mit Gelber Bete kombinieren, die seine süßliche Note unterstreicht.

Erntezeit: Mai bis Oktober
Konsistenz: weiche Fasern
Fermentationsart: Trockenfermentieren
Salzmenge: 25–30 g pro Kilo geschältes und kleingeschnittenes Gemüse

Zutaten für ein Weckglas (3 Liter):

- 2,2 kg Wirsing (3–4 Kohlköpfe), geviertelt ohne Strunk, äußere Blätter aufheben
- 800 g Gelbe Bete, geschält
- 75–90 g Salz (im Winter 75–85 g, im Sommer 85–90 g)
- **Gewürze:** nach Belieben Fenchelgrün oder Frühlingszwiebeln

Zubereitung: ca. 30 Minuten

- Den Wirsing hobeln oder mit dem Messer in dünne Streifen schneiden. Mit dem Salz in einer Schüssel schichtweise stampfen, bis Saft austritt.
- Gelbe Bete reiben und mit dem gestampften Wirsing vermischen, dabei mit den Händen etwas durchkneten.
- Alles ins Weckglas füllen und kräftig herunterdrücken, bis Kohl und Gelbe Bete mit Flüssigkeit bedeckt sind. Zum Abschluss ein oder zwei Wirsingblätter falten und darauflegen, um den Kohl nochmals nach unten zu pressen.
- Das Glas verschließen und bei Zimmertemperatur an einem ruhigen Ort fermentieren lassen.

Fermentationszeit: 1–2 Wochen Hauptfermentation
Reifung: 4–6 Wochen

Variation: Klassisch schmeckt Wirsing mit geriebenen Möhren fermentiert. Etwas würziger wird diese Kohlart mit Pfeffer und Zwiebeln oder im asiatischen Kimchi (Seite 40).
Genießen: Fermentierter Wirsing passt zu gekochter Hirse, Currygerichten oder ganz einfach unter den Salat gemischt.

SCHARFER KOHL-MIX

Originales Kimchi – ein Klassiker aus Korea – wird mit einer Paste aus Reismehl fermentiert. Folgende abgewandelte Version ist schneller zubereitet, enthält mehr Saft und schmeckt mindestens genauso gut! Ingwer und Chili sind mit Vorsicht zu verwenden, da sich Schärfe und Geschmack durch den Gärprozess verstärken können. Je nach Saison eignen sich Spitzkohl, Chinakohl oder Wirsing.

Erntezeit Spitzkohl: Mai bis Dezember
Erntezeit Chinakohl: September bis November
Konsistenz: weiche bis mittelfeste Fasern
Fermentationsart: Trockenfermentieren
Salzmenge: 25–30 g pro Kilo geschältes und kleingeschnittenes Gemüse

Zutaten für ein Weckglas (2 Liter):

- 1,2 kg Kohl (2–3 Kohlköpfe), geviertelt ohne Strunk, äußere Blätter aufheben
- 400 g Möhren, geputzt und nach Bedarf geschält
- 400 g Rettich, geputzt und nach Bedarf geschält
- 50–60 g Salz (im Winter 50–60 g, im Sommer 60–70 g)
- **Gewürze:** 1–2 Knoblauchzehen, 10–20 g Ingwer, 1–2 Prisen Chili oder Cayennepfeffer

Zubereitung: ca. 30 Minuten

- Den Kohl in grobe Streifen oder Stücke schneiden und mit Salz in einer Schüssel stampfen.
- Möhren reiben und den Rettich in dünne Scheiben schneiden oder hobeln. Beides mit den Gewürzen zum Kohl geben und (wegen der Schärfe mit einem Holzlöffel) gut vermengen.
- Nun die Mischung ins Weckglas füllen und herunterdrücken. Abschließend ein Kohlblatt falten und darauflegen. Damit den Kohl-Mix nochmals nach unten drücken, bis das Gemüse komplett mit Flüssigkeit bedeckt ist.
- Das Glas verschließen und bei Raumtemperatur an einem ruhigen Ort fermentieren lassen.

Fermentationszeit: 1–2 Wochen Hauptfermentation
Reifung: 4–6 Wochen

Variation: Chinakohl mit Chili und Minze verspricht eine exotische Note. Für eine mildere Variante Spitzkohl mit Paprika und buntem Pfeffer gären.
Genießen: Kimchi ist Vorspeise sowie Beilage und passt zu Reis und asiatischen Gerichten, z.B. zu gebratenem Tofu oder Wokgemüse.

GEMÜSE IN SALZLAKE

Feste Gemüsesorten wie Wurzeln und empfindliche Früchte wie Zucchini werden in einer Salzlake fermentiert, damit sie genügend Flüssigkeit bekommen bzw. bei der Gärung nicht zerfallen. Generell kannst du mit einer Salzlake fast alles fermentieren. Doch ist das Ergebnis immer ein bisschen feiner, je weniger Flüssigkeit zusätzlich zum Gemüse hinzufügt wird, da Wasser bekanntlich verdünnend wirkt. Diesbezüglich ist zu beachten, je kleiner und dünner das Gemüse geschnitten wird, desto mehr passt in ein Weckglas und umso weniger Salzlake wird benötigt.

Vorbereiten

Das Gemüse waschen, abtropfen und etwas trocknen lassen. Danach die Weckgläser reinigen und abtrocknen. Nach Belieben Gewürze, Knoblauch oder Zwiebeln grob zerkleinern und diese zuerst in die Weckgläser füllen.

Verarbeiten

Anschließend das Gemüse in Stücke, Stifte oder Würfel schneiden. Es kann auch gerieben oder in Scheiben gehobelt werden. Im Rezeptteil findest du Anregungen, welche Schneideart sich für welches Gemüse eignet.

Salzlake

Nun das Salz genau abwiegen. Für 1 Liter Wasser werden 20 bis 40 g Salz benötigt – je nach Jahreszeit, Temperatur und Konsistenz. Bei guter Qualität muss das Wasser nicht erhitzt werden. Abgekochtes Wasser unbedingt auf weniger als 25 °C abkühlen lassen. Warmes Wasser lässt das Gemüse schnell schlapp werden und entzieht ihm die bunten Farben schneller. Das Wasser in einen Messbecher füllen und kräftig umrühren, damit sich das Salz gut auflöst. Ruhig etwas mehr Salzlake ansetzen, da sie später zum Auffüllen dient.

Fermentieren

Stelle das Glas bei Zimmertemperatur an einen ruhigen Ort. Da Flüssigkeit austreten kann, verwende einen mit Küchenpapier ausgelegten Teller als Untersatz. Die Gärung dauert je nach Gemüseart 1 bis 2 Wochen. Die Farben verblassen dabei und die Lake wird trüb. Manche Gemüsesorten können noch etwas nachreifen und verändern ihren Geschmack – vor allem in den ersten Wochen. Probiere daher mehrmals, um herauszufinden, wann dir das Ferment am besten schmeckt.

Pflegen

Die übrige Salzlake vom Zubereitungstag im Kühlschrank aufheben und wenn nötig nachgießen, falls beim Gärvorgang zu viel Flüssigkeit austritt.

Fertig

Blubbert es nicht mehr, ist die Gärung abgeschlossen. Das Gewicht entfernen (ein Kohlblatt kann drinbleiben) und an einem kühlen Ort aufbewahren.

Befüllen

Nach den Kräutern das Gemüse möglichst so in den Weckgläsern verteilen, dass viel hineinpasst. Dabei behutsam vorgehen, damit es nicht zerquetscht. Bis zur Öffnung sollten ca. 2 cm Platz bleiben, bei Verwendung eines Gewichts – je nach Größe – sogar ein bisschen mehr. Nun die Salzlake über das Gemüse gießen und darauf achten, dass die Flüssigkeit in alle Zwischenräume gelangt und sich keine Luftblasen bilden. Auch hier das Glas nicht ganz bis zum Rand füllen. Abschließend mit einem Kohlblatt, dem Gewicht oder mithilfe eines kleinen Porzellanschälchens das Gemüse unter die Flüssigkeit drücken und den Deckel gut verschließen.

BLUMENKOHL UND BROKKOLI

Die meisten Kohlgemüse werden trockenfermentiert, doch es gibt Ausnahmen wie Brokkoli und Blumenkohl. Die kleinen Röschen gären in Salzlake, als knackig-frische Alternative zur gekochten Version.

Erntezeit Brokkoli: April und Mai sowie August und September
Erntezeit Blumenkohl: Juni bis September
Konsistenz: fester Stiel, weiche Röschen
Fermentationsart: mit 3- bis 4-prozentiger Salzlake
Salzmenge: 30–40 g Salz auf 1 Liter Wasser

Zutaten für ein Weckglas (2 Liter):

700 g Brokkoli- und/oder Blumenkohl-Röschen, Blätter und Strunk aufheben

Salzlake: 1,5 l Wasser und 45–60 g Salz (im Winter 45–50 g, im Sommer 50–60 g)

Gewürze für Brokkoli: 2–3 Schalotten, 1 Knoblauchzehe, 1–2 Thymianzweige, frisches Basilikum

Gewürze für Blumenkohl: 1–2 Frühlingszwiebeln, Korianderkörner und Kreuzkümmel

Zubereitung: ca. 15 Minuten

- Gewaschenen Blumenkohl oder Brokkoli zerteilen und die Röschen vom Strunk trennen. Obere Teile vom Strunk können auch fermentiert werden. Nach Belieben in mundgerechte Stücke schneiden, Blätter und Strunkreste für später aufheben.
- Zwiebeln und Knoblauch grob zerkleinern und mit Kräutern und Gewürzen in das Weckglas geben.
- Blumenkohl und/oder Brokkoli darauf verteilen, bis das Glas voll ist. Möglichst viel hineinfüllen, ohne das Gemüse dabei zu zerdrücken. Die Salzlake anrühren, ins Weckglas gießen und gut verteilen. Gefaltete Blätter, ein Stück Strunk oder ein anderes Gewicht auf das Gemüse legen und leicht herunterdrücken, bis es komplett mit Salzlake bedeckt ist.
- Das Glas verschließen und bei Raumtemperatur an einem ruhigen Ort fermentieren lassen.

Fermentationszeit: 1–2 Wochen Hauptfermentation
Reifung: 1 Woche

Variation: Blumenkohl mag Exotisches wie Curry und Kurkuma. Gegorener Romanesco mit italienischen Kräutern schmeckt fein und mild.
Genießen: Dekoriert und verfeinert Vorspeisen, Salate, Hauptgerichte und die Brotzeit.

MÖHREN UND ROTE BETE

Wurzelgemüse wie Möhren, Rote oder Gelbe Bete sind typisch für Rohkostsalate und genauso ideal zum Fermentieren. Die Wurzeln wachsen unter der Erde und gehören zu den festen Gemüsesorten. Gegoren werden sie weicher und leichter verdaulich, während all ihre Vitamine und Mineralstoffe erhalten bleiben.

Erntezeit Möhren: Mai bis November
Erntezeit Rote und Gelbe Bete: Juli bis Dezember
Konsistenz: fest bis hart, je nachdem, wann sie geerntet wurden
Fermentationsart: 3- bis 4-prozentige Salzlake, gerieben auch trockenfermentierbar (s. S. 32)
Salzmenge: 30–40 g Salz auf 1 Liter Wasser

Zutaten für ein Weckglas (1 Liter):

700 g Möhren oder 450 g Rote Bete

Salzlake: 1 l Wasser und 30–40 g Salz (im Winter 30–35 g, im Sommer 35–40 g)

Gewürze für Möhren: 10–20 g Ingwer, 1–2 Frühlingszwiebeln oder Lauch

Gewürze für Rote Bete: 5–10 g frischer Kren oder 1 TL Meerrettichpaste

Zubereitung: ca. 20 Minuten

- Möhren und/oder Rote Bete nach Bedarf schälen. In Würfel oder längliche Sticks geschnitten, bleiben sie relativ fest. Für die etwas feinere Art mit dem Messer oder der Gemüsereibe in hauchdünne Scheiben hobeln.
- Die Gewürze grob zerkleinern und ins Weckglas geben. Das Gemüse darauf schichten (bei Sticks so eng wie möglich aufrecht stellen) und die angerührte Salzlake darüber gießen. Etwas schütteln, damit Luftbasen nach oben steigen.
- Ein großes Meerrettich- oder Rote-Bete-Blatt, Möhrenenden oder ein anderes Gewicht auf das Gemüse legen und dieses damit herunterdrücken, um es komplett mit Salzlake zu bedecken.
- Das Glas verschließen und bei Raumtemperatur an einem ruhigen Ort fermentieren lassen.

Fermentationszeit: 1–2 Wochen Hauptfermentation
Reifung: 2 Wochen

Variation: Pfiffig gären Möhren mit Sternanis oder frischem Fenchel. Rote Bete mit Apfel gegoren oder gerieben im Sauerkraut ist ein Traum.
Genießen: Als schneller Snack, in Rohkostsalaten oder zu Pellkartoffeln mit Mandel-Quark.

RETTICH, KOHLRABI UND RADIESCHEN

Diese oft unterschätzen Knollen werden durch Gärung und passende Gewürze richtig attraktiv. Die enthaltenden Ballaststoffe bringen den Darm in Schwung und Radieschen sorgen für Farbe auf dem Tisch.

Erntezeit Rettich: April bis Oktober
Erntezeit Kohlrabi: April bis September (violett) und Juli bis Oktober (weiß)
Erntezeit Radieschen: Mai bis September
Konsistenz: Rettich und Kohlrabi fest bis hart, Radieschen etwas weicher
Fermentationsart: mit 3- bis 3,5-prozentiger Salzlake
Salzmenge: 30–35 g Salz auf 1 Liter Wasser

Zutaten für ein Weckglas (1 Liter):

700 g Rettich oder 450 g Kohlrabi oder Radieschen

Salzlake: 1 l Wasser und 30–35 g Salz (im Winter 30 g, im Sommer 35 g)

Gewürze für Rettich: 1–2 Knoblauchzehen, 1 Lauchstange, bunter Pfeffer

Gewürze für Kohlrabi: 1–2 Frühlingszwiebeln, Korianderkörner, Chili, Kurkuma

Gewürze für Radieschen: 1–2 Knoblauchzehen, 2–3 Zweige Thymian oder Oregano

Zubereitung: ca. 20 Minuten

- Rettich oder Kohlrabi schälen und in ganz feine Scheiben schneiden oder hobeln. Radieschen waschen und halbieren oder vierteln.
- Die Gewürze grob zerkleinern und ins Weckglas geben. Das Gemüse darauf schichten, mit der angerührten Salzlake auffüllen und Luftblasen nach oben steigen lassen.
- Ein Kohlrabiblatt, etwas Radieschengrün, ein Endstück vom Rettich oder ein anderes Gewicht auf das Gemüse legen, um dieses unter die Salzlake zu drücken. Das Glas verschließen und bei Zimmertemperatur an einem ruhigen Ort fermentieren lassen.

Fermentationszeit: 1–2 Wochen Hauptfermentation
Reifung: 2 Wochen

Variation: Lecker wird Kohlrabi fermentiert mit Möhren und Curry sowie Radieschen mit frischem Fenchel, Nelken und Senfkörnern. Gegorener Rettich-Gurke-Mix mit Wachholderbeeren und Senfkörnern schmeckt rustikal und heimelig.
Genießen: Rettich aufs Brot, Kohlrabi zu Bratkartoffeln und Radieschen als Snack – ob bayerisch oder asiatisch, ob zu Salat oder zur Hauptspeise – diese Fermente sind vielseitig einsetzbar.

GURKEN

Fruchtgemüse wie Gurken sind deutlich empfindlicher und auch weicher als Wurzelgemüse. Daher muss man genau auf Salzmenge und Raumtemperatur achten und während der Gärung immer mal probieren, damit sie nicht zu weich werden.

Erntezeit Salatgurken: Mai bis September
Erntezeit Gewürzgurken: August bis Oktober
Konsistenz: außen hart, innen weich, geschält empfindlich
Fermentationsart: mit 3,5- bis 4-prozentiger Salzlake
Salzmenge: 35–40 g Salz auf 1 Liter Wasser

Zutaten für ein Weckglas (3 Liter):

- 1,8 kg Salatgurken oder Gewürzgurken
- **Salzlake:** 2 l Wasser und 70–80 g Salz (im Winter 70–75 g, im Sommer 75–80 g)
- **Gewürze:** 2–3 Knoblauchzehen, frischer Dill oder Fenchelgrün, Senf-, Pfeffer und Korianderkörner

Zubereitung: ca. 15 Minuten

- Die Gurken waschen. Sollten die Salatgurken etwas bitter sein, dann besser schälen und in Würfel oder mundgerechte Stücke schneiden. Gewürzgurken je nach Größe ganz, halbiert oder geviertelt verwenden.
- Zuerst Knoblauch und Gewürze, dann die Gurken in das Weckglas geben. Die Salzlake anrühren, ins Glas gießen und Luftblasen aufsteigen lassen. Wenn vorhanden, ein gefaltetes Kohlblatt oder ein anderes Gewicht auf die Gurken legen und diese unter die Salzlake drücken.
- Das Glas verschließen und bei Zimmertemperatur an einem ruhigen Ort fermentieren lassen.

Fermentationszeit: 1 Woche Hauptfermentation
Reifung: 2–3 Wochen

Variation: Für Abwechslung sorgen Gewürze wie rote Zwiebeln, Chili, Johannisbeerblätter, Sellerie oder rosa Beeren.
Genießen: Saure Gurken sind ein Klassiker zur Brotzeit und im Kartoffelsalat.

ZUCCHINI UND PAPRIKA

Diese beliebten Fruchtgemüsearten enthalten viel Wasser und benötigen daher genügend Salz, damit sie bei der Gärung nicht matschig werden oder zerfallen. Außerdem haben sie eine kurze Fermentationszeit und kommen daher schneller als andere Sorten auf den Tisch.

Erntezeit Zucchini: Juni bis Oktober
Erntezeit Paprika: Juli bis Oktober
Konsistenz: Haut oder Schale fest, Fruchtfleisch weich und empfindlich
Fermentationsart: mit 4-prozentiger Salzlake
Salzmenge: 40 g Salz auf 1 Liter Wasser

Zutaten für ein Weckglas (750 ml):

400 g Zucchini oder Paprika, Enden und Kerne entfernt

Salzlake: 500 ml Wasser und 20 g Salz (Winter wie Sommer 20 g verwenden)

Gewürze für Zucchini: 1 kleine rote Zwiebel, bunter Pfeffer und frische Minze

Gewürze für Paprika: 1–2 Schalotten, 1–2 Knoblauchzehen, etwas Chili

Zubereitung: ca. 15 Minuten

- Das Gemüse waschen und in Streifen oder Stücke schneiden. Zwiebeln, Schalotten oder Knoblauch grob zerkleinern und mit den Gewürzen in das Weckglas geben. Chili – frisch oder getrocknet – in geringen Mengen verwenden.
- Die Salzlake anrühren und ins Glas gießen, dabei Luftblasen vermeiden. Soweit vorhanden, ein gefaltetes Kohlblatt oder ein anderes Gewicht auf das Fruchtgemüse legen, so dass es unter der Salzlake bleibt.
- Das Glas verschließen und bei Zimmertemperatur an einem ruhigen Ort fermentieren lassen.

Fermentationszeit: 5–7 Tage Hauptfermentation
Reifung: Paprika müssen nicht reifen, Zucchini können 1–2 Wochen nachreifen

Variation: Ganze Chilischoten können ebenfalls mit 4-prozentiger Salzlake fermentiert werden. Sie benötigen 1 Woche Hauptfermentation und 2–3 Wochen Reifung.
Genießen: Scharfe Paprika passen zu mexikanischen Bohnen und Reis sowie zu orientalischen Hirsegerichten. Doch auch als italienische Antipasti machen sie – genauso wie fermentierte Zucchini – auf dem Vorspeisenteller Appetit.

AUBERGINEN UND KÜRBIS

Auch wenn Auberginen und Kürbis äußerlich nicht viel gemein haben, gehören sie zu den Gemüsearten, die gewöhnlich nicht roh verzehrt werden, obwohl man beide roh essen kann. Aus diesem Grund lassen sie sich überraschend gut fermentieren. Kürbisse bleiben fruchtig, weil sie ohne Kochvorgang keine Stärke bilden. Auberginen zerfallen bei der Gärung nicht, sondern bleiben fest und fleischig.

Erntezeit Auberginen: Juli bis Oktober
Erntezeit Kürbis: August bis Oktober
Konsistenz: Auberginen sind mittelfest, Kürbisfleisch ist hart
Fermentationsart: mit 3- bis 4-prozentiger Salzlake
Salzmenge: 30–40 g Salz auf 1 Liter Wasser

Zutaten für ein Weckglas (3 Liter):

1,2 kg Auberginen oder entkernter Kürbis, je nach Art und Bedarf geschält

Salzlake: 2 l Wasser und 60–80 g Salz (im Winter 60–70 g, im Sommer 70–80 g)

Gewürze für Aubergine: 1 Zwiebel, 1–2 Knoblauchzehen, Chili, Thymian oder Oregano

Gewürze für Kürbis: 10 g Ingwer, wahlweise etwas Chili

Zubereitung: ca. 20 Minuten

- Das Gemüse waschen, nach Bedarf schälen und in Würfel, Scheiben oder Stücke schneiden. Für den Kürbis Ingwer, für Auberginen Zwiebeln und Knoblauch grob hacken und mit den restlichen Gewürzen ins Weckglas legen, dabei Chili nur in geringen Mengen verwenden.
- Die Salzlake anrühren und ins Glas gießen, ohne dass sich Luftblasen bilden. Die Enden der Auberginen, etwas Kürbisschale oder ein anderes Gewicht auf die Früchte legen, damit sie unter der Salzlake bleiben.
- Das Glas verschließen und bei Zimmertemperatur an einem ruhigen Ort fermentieren lassen.

Fermentationszeit: 1–2 Wochen Hauptfermentation
Reifung: 2–3 Wochen

Variation: Salbei und Thymian machen Kürbis aromatisch. Auberginen gegoren mit Wiesenchampignons werden zu einem kulinarischen Erlebnis.
Genießen: Auberginen sind klassisch als Vorspeise und schmecken zu Reis mit Tomatensauce und cremigem Kräuter-Nuss-Joghurt. Der Kürbis-Ferment-Saft mit seinem feinen Melonenaroma eignet sich ideal für eine Ingwerlimonade.

TOMATEN

Allseits beliebte Tomaten enthalten sehr viel Wasser und können beim Fermentieren (ähnlich wie Paprika) recht weich werden. Darum sollten sie nur für kurze Zeit gären und anschließend kühl gelagert werden. Geschmacklich sind fermentierte Tomaten einzigartig köstlich und ermöglichen diesen herrlich frischen Genuss sogar außerhalb der Saison.

Erntezeit Tomaten/Cherrytomaten: Juli bis September
Konsistenz: weich bis mittelfest je nach Reifegrad, nicht überreif verwenden
Fermentationsart: mit 4-prozentiger Salzlake
Salzmenge: 40 g Salz auf 1 Liter Wasser

Zutaten für ein Weckglas (750 ml):

500 g Tomaten, geviertelt oder ganze Cherrytomaten, mehrfach eingestochen

Salzlake: 500 ml Wasser und 20 g Salz (Winter wie Sommer 20 g verwenden)

Gewürze: ganze Knoblauchzehe, frisches Basilikum, Salbei, Oregano oder Thymian

Zubereitung: ca. 20 Minuten

- Große Tomaten vierteln oder achteln. Ganze Cherrytomaten mit einem sauberen Holzspieß mehrmals einstechen, damit Salzlake ins Innere gelangen kann und sie nicht platzen.
- Das Weckglas mit Kräutern und Früchten füllen und die angerührte Salzlake darüber gießen. Etwas schütteln, um Luftblasen zu vermeiden und mit einem Gewicht beschweren, damit die Tomaten unter der Salzlake bleiben. Hier besonders darauf achten, dass die Tomaten nicht zerdrückt werden.
- Das Glas verschließen und bei Zimmertemperatur an einem ruhigen Ort fermentieren lassen.

Fermentationszeit: 5 Tage Hauptfermentation
Reifung: keine Reifung, nach der Gärung möglichst im Kühlschrank aufbewahren

Variation: Für eine feurige Salsa einfach Zwiebeln, Paprika und Chilischoten mitfermentieren.
Genießen: Gegorene Tomaten schmecken als prickelnde Vorspeise und überraschen im Wintersalat. Die Chiliversion passt zu Tortillas genauso wie zu Pasta oder Pizza. Der Ferment-Saft schmeckt tomatig-frisch und ist einer der aromatischsten Starter für fermentierten Nuss-Frischkäse.

ROSENKOHL UND SPARGEL

Diese leckeren Sprossengemüsearten sind reich an Vitamin C, welches ihnen durch Fermentation erhalten bleibt. Spargel wird im Frühjahr geerntet, schmeckt fein und hilft bei der Entgiftung. Rosenkohl hat im Herbst und Winter Saison, wirkt entzündungshemmend und hat eine rustikale Note.

Erntezeit Rosenkohl: September bis März
Erntezeit Spargel: April bis Juni (grüner), Mai und Juni (weißer)
Konsistenz: Spargel ist mittelfest, Rosenkohl eher weich
Fermentationsart: mit 3- bis 4-prozentiger Salzlake
Salzmenge: 30–40 g Salz auf 1 Liter Wasser

Zutaten für ein Weckglas (2 Liter):

600 g Rosenkohl, geputzt oder 1 kg Spargel, gewaschen, Enden abgeschnitten

Salzlake: 1 l Wasser und 30–40 g Salz (im Winter 30–35 g, im Sommer 35–40 g)

Gewürze: rosa Beeren (bei Spargel optional: ½ Zitrone)

Zubereitung: ca. 20 Minuten

- Den Rosenkohl putzen und die Röschen halbieren oder kleinere ganz verwenden. Grüner und weißer Spargel kann nach Belieben (muss aber nicht) geschält werden. Nur die harten Enden abschneiden und je nach Größe des Weckglases die Stangen teilen oder kürzen.
- Nach Belieben etwas Zitronensaft oder ein Stück ungespritzte Zitronenschale mit rosa Beeren und dem Sprossengemüse ins Weckglas geben.
- Mit der angerührten Salzlake aufgießen und etwas schütteln, um Luftblasen zu vermeiden. Abschließend ein Gewicht auflegen, damit das Gemüse unter der Flüssigkeit bleibt.
- Das Glas schließen und bei Zimmertemperatur an einem ruhigen Ort fermentieren lassen.

Fermentationszeit: 1–2 Wochen Hauptfermentation
Reifung: 3–4 Wochen

Variation: Diese Sprossengemüse sind für sich so überzeugend und entfalten ihr Aroma auch ohne viele Gewürze. Frische Kräuter, Blüten oder Spargel grün-weiß machen die Gläser bunt und bieten etwas fürs Auge.
Genießen: Spargel passt klassisch zu Salzkartoffeln, dazu Pesto und Mandelcreme. Rosenkohl mit gekochten oder gerösteten Esskastanien ist herbstlich-heimelig.

FENCHEL, SELLERIE, LAUCH UND ZWIEBELN

Knolliges Zwiebelgemüse, Fenchel und Sellerie werden gerne als Gewürze für Gemüsefermente verwendet, um diese mit einem kräftigen Geschmack zu versehen. Doch sie überzeugen durchaus als eigenes Ferment. Zwiebeln halten sich richtig gelagert auch ohne Fermentation sehr lange, doch Lauch und Frühlingszwiebeln bietet die Gärung ein verlängertes Leben. Von Fenchel und Sellerie kannst du Knolle sowie Grünzeug verarbeiten.

Erntezeit Zwiebeln: Juni bis September
Erntezeit Lauch und Frühlingszwiebeln: das ganze Jahr über
Erntezeit Fenchel: Juni bis Oktober
Erntezeit Sellerie: Staudensellerie Juli bis Oktober, Knollensellerie September und Oktober
Konsistenz: das Grünzeug ist weich und faserig, die Knollen fest bis hart
Fermentationsart: mit 3- bis 4-prozentiger Salzlake
Salzmenge: 30–40 g Salz auf 1 Liter Wasser

Zutaten für ein Weckglas (1 Liter):

500 g geschälte Zwiebeln, Lauch, Frühlingszwiebeln, Fenchel oder Sellerie

Salzlake: 500 ml Wasser und 15–20 g Salz (im Winter 15 g, im Sommer 20 g)

Gewürze: nach Geschmack bunter Pfeffer, Nelken, Koriander- oder Senfkörner

Zubereitung: ca. 15 Minuten

- Das Gemüse schälen und grob in mundegerechte Stücke schneiden. Anschließend samt Grünzeug und Gewürzen ins Weckglas geben.
- Die Salzlake anrühren, darüber gießen und Luftblasen aufsteigen lassen. Mit einem Gewicht beschweren, damit das Gemüseunter der Salzlake bleibt.
- Das Glas verschließen und bei Zimmertemperatur an einem ruhigen Ort fermentieren lassen.

Fermentationszeit: 1–2 Wochen Hauptfermentation
Reifung: 3–4 Wochen

Variation: Zwiebelgemüse gärt feurig mit Chili oder Paprika. Fenchel und Sellerie schmecken mit Kurkuma oder Curry exotisch.
Genießen: Diese würzigen Fermente passen zu Ofenkartoffeln, Reisgerichten, mediterranen Hirseaufläufen sowie zu Vorspeisen, Salaten oder einfach nur zur Brotzeit.

OBSTFERMENTE

Es mag seltsam klingen, Früchte und Salz in ein und demselben Glas. Ergibt das wohl Erdbeeren mit Sauerkrautgeschmack? Nein, keineswegs! Der säuerliche Geschmack einer fermentierten Erdbeere mag zuerst ungewöhnlich sein. Werden die Früchte jedoch weiterverarbeitet, würde niemand darauf kommen, dass ein mit gegorenem Erdbeersaft fermentierter Cashew- oder Mandel-Joghurt etwas mit Sauerkraut zu tun hätte. Doch eines stimmt, milchsaures Obst und deren Säfte verzehren wir pur nicht unbedingt in großen Mengen, sondern wir nutzen sie eher zum Verfeinern von Speisen oder als Starterkultur für Nussfermente. Fermentierte Früchte entwickeln einen sehr intensiven Duft, weshalb sie hervorragend als natürlicher Aromastoff dienen.

Fermentationsarten für Obst

Viele Früchte werden trockenfermentiert, einige jedoch mit Salzlake und andere wiederum benötigen beides. Damit letztere nicht zu salzig werden, wird zuerst eine minimale Salzmenge dem Gewicht entsprechend berechnet. Ziehen die Früchte damit nicht genügend Saft, gibt man eine 2-prozentige Salzlake hinzu. Die Gärung von Obst sollte nicht zu lange dauern, damit sie nicht alkoholisch wird. Nach maximal einer Woche trennen wir die Früchte von der Flüssigkeit und bewahren sie separat im Kühlschrank auf. Eine Reifung ist bei fermentierten Früchten nicht nötig, da sie mit der Zeit immer säuerlicher schmecken – schlecht werden sie jedoch nicht. Daher für Süßspeisen-Kreationen besser rasch verbrauchen. Als Starter für Nuss-Joghurt oder -Quark stört der Säuregehalt nicht, weshalb man sie dafür lange aufbewahren kann.

Verarbeitung

Die Früchte nur wenn nötig waschen oder zerkleinern und in ein Weckglas geben. Anschließend die Salzmenge genau abwiegen. Bei Obst wird in der Regel nie mehr als 2 % Salz verwendet – also 20 g Salz auf 1 kg Früchte. Das Salz einfach zu den Früchten ins Glas geben und vorsichtig umrühren. Da man Obst eher in kleinen Mengen fermentiert, mag das Weckglas nicht ganz voll werden. Um die Früchte unterhalb der Flüssigkeit zu halten, kannst du ein Schälchen verwenden, um das Obst nach unten zu drücken, wenn das Weckglas geschlossen wird.

Fermentation

Nun das Obst für 5 bis 7 Tage bei Zimmertemperatur gären lassen.

Fertig

Am 3. oder 4. Tag die Früchte ruhig schon mal probieren, damit sie nicht zu sauer werden. Passt der Geschmack, wird die Fermentation unterbrochen. Dazu das gegorene Obst durch ein Sieb gießen, den Saft auffangen und anschließend in ein kleines Glas oder eine Flasche füllen. Die Früchte mit wenig Luft in einen passenden Behälter geben und beides getrennt im Kühlschrank aufbewahren.

HIMBEEREN, BROMBEEREN UND BLAUBEEREN

Am meisten Spaß macht es, Waldfrüchte selbst zu sammeln und dabei schon so viele wie möglich frisch zu naschen. Bleiben genügend Beeren übrig, lohnt es sich, das Experiment zu wagen und die beliebten Beeren milchsauer zu fermentieren, um Vitamine und Aroma lange zu erhalten.

Erntezeit Himbeeren: Juni bis August
Erntezeit Brombeeren: Juli bis Oktober
Erntezeit Blaubeeren: Juli bis September
Konsistenz: Himbeeren und Brombeeren weich, Blaubeeren sind mittelfest
Fermentationsart: Trockenfermentieren, Salzlake nach Bedarf
Salzmenge: 20 g Salz auf 1 Kilo Beeren

Zutaten für ein Weckglas (500 ml):

- 250 g Himbeeren, Brombeeren oder Blaubeeren (oder andere Waldbeeren der Saison)
- 5 g Salz (Winter wie Sommer die gleiche Salzmenge)

Zubereitung: ca. 15 Minuten

- Waldbeeren werden üblicherweise nicht gewaschen, weil dadurch sehr viel Fruchtsaft verloren geht. Sind sie vom Straßenrand oder unbekannter Herkunft, kann man sie natürlich kurz abspülen.
- Die Beeren zusammen mit dem Salz ins Weckglas geben und vorsichtig umrühren. Sollten sie nicht genug Wasser ziehen, eine 2-prozentige Salzlake ansetzen (2 g Salz auf 100 ml Wasser) und nur so wenig dazugeben, dass die Früchte gerade bedeckt sind.
- Die Früchte mit einem leichten Gewicht beschweren (z. B. einem kleinen Schälchen), damit sie nicht zerdrückt werden.
- Das Glas verschließen und bei Zimmertemperatur an einem ruhigen Ort fermentieren lassen.

Fermentation: 5–7 Tage Hauptfermentation. Eine Reifung ist nicht notwendig. Nach der Gärung die Früchte und den Saft separat im Kühlschrank aufbewahren.

Genießen: Gegorene Waldbeeren sind der ideale Starter für Nuss-Joghurt oder Mandel-Quark. Aber auch auf einem Salatteller, zu Müsli oder Grießbrei sowie zum Verfeinern von Kuchen oder Rohkosttorten sind sie perfekt geeignet.

ERDBEEREN

Egal ob wild gesammelt, im eigenen Garten angebaut, beim Bauern selbst gepflückt oder gekauft, Erdbeeren schmecken einfach immer! Ihr intensives Aroma lässt sich durch die Milchsäuregärung besonders lange erhalten und kann uns somit das ganze Jahr über erfreuen.

Erntezeit Erdbeeren: Mai bis September
Konsistenz: mittelfest, enthalten viel Wasser
Fermentationsart: Trockenfermentieren, Salzlake nach Bedarf
Salzmenge: 20 g Salz auf 1 kg Früchte

Zutaten für ein Weckglas (500 ml):

- 250 g Erdbeeren, geputzt
- 5 g Salz (Winter wie Sommer die gleiche Salzmenge)

Zubereitung: ca. 20 Minuten

- Die Erdbeeren waschen und abtropfen lassen. Anschließend die Blätter abzupfen und große Erdbeeren halbieren.
- Die Erdbeeren mit dem Salz ins Weckglas geben und vorsichtig vermischen, so dass alle Erdbeeren etwas Salz abbekommen. Kurz ziehen lassen und währenddessen eine 2-prozentige Salzlake (2 g Salz auf 100 ml Wasser) vorbereiten.
- Mit der Lake aufgießen, bis die Erdbeeren bedeckt sind. Ein leichtes Gewicht (z. B. ein kleines Schälchen) auf die Erdbeeren legen und das Glas so verschließen, dass die Früchte unterhalb der Flüssigkeit bleiben. Nun bei Raumtemperatur an einem ruhigen Ort fermentieren lassen.

Fermentation: 5–7 Tage Hauptfermentation. Danach die Erdbeeren vom Saft trennen und separat im Kühlschrank aufbewahren. Eine Reifung ist nicht nötig.

Genießen: Fermentierte Erdbeeren schmecken im Müsli oder Milchshake genauso lecker wie zu Spargel oder Salat. Als Starter fermentieren sie einen traumhaften Nuss-Joghurt. Getrocknet und mit weißer Schokolade überzogen sind sie absolut verführerisch!

ÄPFEL UND BIRNEN

Äpfel und Birnen lassen sich zwar sehr gut lagern, doch wer keinen Keller hat oder einfach etwas Abwechslung mag, freut sich im Winter über gegorenes Obst als Vitaminbombe! Die Klassiker unter den Baumfrüchten benötigen für die Fermentation eine Salzlake. Mit oder ohne Gewürze sind sie ein Genuss und lassen sich kreativ weiterverarbeiten.

Erntezeit Äpfel/Mini-Äpfel: August bis Oktober
Erntezeit Birnen: Juli bis Oktober
Konsistenz: Äpfel fest, Birnen mittelfest bis weich
Fermentationsart: mit 3-prozentiger Salzlake
Salzmenge: 30 g Salz auf 1 Liter Wasser

Zutaten für ein Weckglas (1 Liter):

1 kg Äpfel oder Birnen, entkernt und geviertelt; Mini-Äpfel, ganz

Salzlake: 1 l Wasser und 30 g Salz (Winter und Sommer 30 g verwenden)

Gewürze: Zimt, Nelken, Vanille

Zubereitung: ca. 20 Minuten

- Das Obst waschen, je nach Größe ganz lassen oder entkernen und in Stücke schneiden.
- Die Früchte ins Weckglas geben und mit Salzlake übergießen, bis sie vollständig bedeckt sind und sich keine Luftblasen mehr bilden. Ein Gewicht auflegen, damit das Obst unterhalb der Lake bleibt.
- Das Glas verschließen und bei Zimmertemperatur an einem ruhigen Ort fermentieren lassen.

Fermentation: 5–7 Tage Hauptfermentation. Anschließend die Gläser im Kühlschrank aufbewahren. Äpfel oder Birnen sind nach der Hauptfermentation zum Verzehr bereit, können aber auch noch 3–4 Wochen nachreifen, was vor allem bei ganzen Früchten sinnvoll ist. Danach Früchte und Saft separat aufbewahren.

Genießen: Diese Obstklassiker schmecken in Müsli genauso wie zu herzhaften Gerichten. Ihr Saft eignet sich bestens als Starter für das milchsaure Brot (s. S. 108). Äpfel passen zu Rotkohl, Sauerkraut und Rote Bete. Birnen mit Chili, Zwiebeln und Ingwer überraschen als süßsaure Delikatesse.

PFIRSICHE, PFLAUMEN UND APRIKOSEN

Die bekannte Umeboshi-Pflaume stammt aus Japan und ähnelt eher einer Aprikose. Doch auch lokal gewachsene Steinfrüchte lassen sich nahrhaft und darmfreundlich verwandeln. Hier findest du eine einfache und schnelle Art, die mit weniger Salz als das Original auskommt und bei mir Ume-Reifung heißt.

Erntezeit Pfirsiche: Juli bis August
Erntezeit Pflaumen: Juli bis Oktober
Erntezeit Aprikosen: Juli
Konsistenz: mittelfestes bis weiches Fruchtfleisch
Fermentationsart: Trockenfermentieren, Salzlake nach Bedarf
Salzmenge: 20 g Salz auf 1 kg Obst

Zutaten für ein Weckglas (750 ml):

- 500 g Pfirsiche, entsteint; Pflaumen oder Aprikosen, ganz oder entsteint
- 10 g Salz (Winter wie Sommer die gleiche Salzmenge)

Zubereitung: ca. 30 Minuten

- Pfirsiche in Stücke schneiden und nach Bedarf die Haut abziehen. Pflaumen oder Aprikosen ganz lassen oder halbieren.
- Das Obst mit dem Salz ins Weckglas geben, und kurz ziehen lassen. Danach mit 2-prozentiger Salzlake (2 g Salz auf 100 ml Wasser) aufgießen und ein leichtes Gewicht (z. B. ein kleines Schälchen) auflegen, das die Früchte unter der Lake hält, sie aber nicht zerdrückt.
- Das Glas schließen und das Obst bei Raumtemperatur an einem ruhigen Ort gären lassen.

Fermentation: 5–7 Tage Hauptfermentation. Anschließend Obst und Saft separat im Kühlschrank aufbewahren oder zu Ume-Früchten reifen lassen.
Ume-Reifung: Die fermentierten Früchte für 3–4 Tage an der Luft trocknen, bis sie etwas schrumpelig werden. Nun nochmals zusammen mit ihrem Saft in ein Weckglas geben und 1 Woche reifen lassen. Für das Aroma frische Minze, Zitronenthymian oder Basilikum dazu geben. Ist die Reifung abgeschlossen, die gereiften Früchte wieder vom Ume-Saft trennen und separat im Kühlschrank aufbewahren.

Genießen: Fermentierte Ume-Früchte sind besonders gut für die Verdauung und bringen unsere Darmbakterien wieder ins Gleichgewicht. Dafür werden sie pur und als Kur verzehrt. Beim Verfeinern süßer sowie herzhafter Speisen überrascht die feine Note. Der Ume-Saft ist ideal für Salatdressing oder als Starter weiterer Fermente.

KIRSCHEN

Ob Süß- oder Sauerkirschen, sie sind immer ein Genuss und schenken uns im Frühsommer als erste Baumfrüchte ihre Vitamine und Mineralstoffe. Eine große Ernte kannst du fermentiert haltbar machen oder zur lokalen Ume-Version reifen lassen.

Erntezeit Kirschen: Mai bis Juli
Konsistenz: weich bis empfindlich
Fermentationsart: mit 3-prozentiger Salzlake
Salzmenge: 30 g Salz auf 1 Liter Wasser

Zutaten für ein Weckglas (750 ml):

500 g Kirschen, ganz und ohne Stiele

Salzlake: 500 ml Wasser und 15 g Salz (Winter und Sommer 15 g verwenden)

Zubereitung: ca. 20 Minuten

- Kirschen nach Bedarf waschen. Sollen sie später als Starter dienen, ist es sinnvoll, den Stein bereits vorm Fermentieren zu entfernen. Ansonsten kommen sie ganz ins Weckglas.
- Die Salzlake anrühren, aufgießen und gut verteilen. Abschließend ein leichtes Gewicht auf die Kirschen legen, damit sie unterhalb der Lake bleiben.
- Das Glas verschließen und bei Zimmertemperatur an einem ruhigen Ort fermentieren lassen.

Fermentation: 5–7 Tage Hauptfermentation. Anschließend Früchte und Saft separat im Kühlschrank aufbewahren oder trocknen und reifen lassen.
Ume-Reifung: Kirschen können wie Pflaumen oder Aprikosen zu Ume-Obst trocknen und reifen (s. S. 70). Dazu die Früchte nach der Hauptfermentation 3–4 Tage an der Luft trocknen lassen, bis sie leicht schrumpelig sind. Danach nochmals mit ihrem aufbewahrten Saft und beliebigen aromatischen Kräutern ins Weckglas geben. Dort reifen sie für 1 Woche und werden anschließend wieder vom Saft getrennt. Früchte und Ume-Saft separat und kühl aufbewahren.

Genießen: Mit oder ohne Ume-Reifung schmecken die salzigen Kirschen sehr gut zu Salaten oder in einem Kuchen. Pur dienen sie als probiotischer Snack oder Starter für diverse Nussprodukte.

#machsnachhaltig

KRÄUTER FERMENTIEREN

Schwarzer Tee schmeckt deshalb so intensiv, weil seine Blätter fermentiert sind. Die Gärung schenkt ihm ein besonderes Aroma und die dunkle Farbe. Auch aus Wildkräutern lässt sich fermentierter Tee herstellen und gegorene Küchenkräuter bleiben besonders lange würzig. Blüten und Knospen unterscheiden sich geschmacklich von den Blättern, weshalb es sich empfiehlt, sie separat zu verarbeiten. Diese Art der Fermentation kommt ohne Salz und ohne Wasser aus und ist dafür gedacht, die Kräuter nach der Gärung zu trocknen.

Verarbeitung

Die Wild- oder Küchenkräuter nur leicht säubern und nicht waschen. Je nach Pflanze die dickeren Stiele aussortieren und entweder die Blätter oder die Blüten verwenden. Nun die Kräuter in einen Behälter oder einen Beutel geben und über Nacht ins Gefrierfach legen.

Am nächsten Tag den Beutel aus dem Gefrierschrank nehmen und die Kräuter in kleinen Portionen nach und nach mit beiden Händen zwischen den Fingern rollen. Dabei tritt je nach Pflanzenart eine meist dunkle Flüssigkeit aus und die Blätter färben etwas ab. Saftige Blätter oder Blüten brauchen vorm Rollen nicht ins Gefrierfach, doch hilft dieser Trick sehr gut, um mehr Saft zu erzeugen.

Trocknen

Nach 1–2 Tagen das Tuch öffnen und die fermentierten Kräuterröllchen in kleine Stücke schneiden. Diese etwas auseinanderziehen und auf einem Teller ausbreiten. Nun die Kräuter oder Blüten an einem warmen Ort (ohne direkte Hitze oder Sonneneinstrahlung) je nach Menge für 3–5 Tage trocknen lassen.

Fertig

Den komplett getrockneten, fermentierten Tee in einem Glas oder einer Teedose aufbewahren. Für ein kräftigeres Aroma 2–3 Monate nachreifen lassen.

Fermentation

Eine Schale mit einem feuchten Baumwolltuch auslegen. Die Blüten oder Blätter färben meist ab, weshalb es ruhig ein altes – jedoch sauberes oder ausgekochtes – Tuch sein kann. Die kleinen Röllchen hineinlegen und das Tuch zusammenfalten, so dass die Kräuter feucht bleiben und fest verschlossen darunter liegen.

Nun bei Zimmertemperatur 1–2 Tage fermentieren lassen. Blüten brauchen meist nur 1 Tag, Blätter bis zu 2 Tage. Sie sind fertig, wenn es beim Öffnen vom Tuch nicht mehr nach frisch geschnittenem Gras riecht, sondern sich ein intensiver und fruchtiger Duft verbreitet.

AROMATISCHER KRÄUTERTEE

Gegorene Küchenkräuter

Basilikum, Petersilie, Salbei oder Thymian sind aus der Küche nicht wegzudenken, und es geht nichts über das Aroma frisch gepflückter Kräuter in einem schönen Essen. Haltbar gemacht kennt man sie meist getrocknet oder eingefroren. Beide Verfahren reduzieren jedoch den Geschmack. Und genau darin liegt der Unterschied: Die Gärung sorgt nicht nur für mehr Vitamine in fermentierten Kräutern, sondern auch für ein dauerhaft intensives Aroma sowie eine lange Haltbarkeit.

Verwendung

Getrocknete, fermentierte Kräuter dienen zum Würzen vieler Speisen. Damit sie ihr volles Aroma entfalten, zerreibt man sie zwischen den Fingern. Um ihre Inhaltsstoffe zu erhalten, sollten sie möglichst nicht mitgekocht werden. Daher erst kurz vor dem Verzehr über das Gericht streuen. Übrigens haben auch Küchenkräuter eine heilende Wirkung und können als Kräutertee genossen werden.

Wild fermentierter Tee

Die Blätter von Johannisbeeren, Wilderdbeeren, Brombeeren, Spitzwegerich oder Löwenzahn und vielen anderen Wildkräutern entfalten als fermentierter Tee beim Aufbrühen einen einzigartigen Duft. Diese besondere Note und Intensität entstehen durch die Gärung ohne Wasser und Salz. Die wohltuende Wirkung der Pflanze und ihrer Blätter bleibt erhalten und wird durch zusätzliche Vitamine angereichert. Das macht sie zu einem kraftvollen und aromatischen Getränk.

Verwendung

Fermentierter Tee muss nicht so lange ziehen wie Tee aus gewöhnlich getrockneten Kräutern. Generell benötigt man wegen des intensiven Aromas weniger Tee, was die Wildpflanzenernte ergiebiger macht. Fermentierte Kräuter sind jahrelang haltbar und konservieren dabei ihr herrliches Aroma.

Zubereitung

Auf 500 ml heißes Wasser gibt man 1 TL fermentierte Kräuter und lässt sie ca. 3–5 Minuten ziehen. Im Sommer schmeckt der Tee mit etwas Zitrone auch kalt hervorragend. Heiß oder kalt lässt er sich auch mit Nussmilch genießen.

FERMENTIERTES PESTO

Kräuter lassen sich hervorragend nur mit Salz trockenfermentieren, um sie zu konservieren. Der Klassiker unter den Pesto-Kräutern ist das Basilikum, doch auch Petersilie, Rucola, Bärlauch oder Löwenzahnblätter sind beliebt. Vielleicht nicht ganz so gewöhnlich, doch abwechslungsreich und köstlich, ist ein Pesto aus Blättern von Radieschen, Roter Bete oder Grünkohl.

Fermentationsart: Trockenfermentieren

Zutaten für ein 150-ml-Glas:

- 100 g Kräuter
- 2 g Salz
- **optional:** Knoblauch, Chili, Pfeffer

Zubereitung: ca. 10 Minuten, 1 Stunde ruhen lassen

- Kommen die Kräuter aus dem eigenen Garten, müssen sie nicht gewaschen werden. Ansonsten abspülen und abtropfen lassen oder in der Salatschleuder etwas trocknen. Sind die Stiele der Blätter nicht zu faserig, können sie ebenfalls verwendet werden.
- Die Kräuter mit dem Salz vermischen, mit den Händen leicht kneten und 1 Stunde ruhen lassen. Anschließend alles in den Blender geben oder mit dem Stabmixer pürieren.
- Das Pesto in ein Glas füllen und gut hinunterdrücken. Salzlake ist nicht nötig. Mit einigen Blättern oder einem Gewicht beschweren und verschließen.

Fermentation: Bei Zimmertemperatur für 2–3 Tage gären lassen. Danach im Kühlschrank aufbewahren.

Variation: Dieses Pesto wird als Basispaste verwendet und erst vor dem Verzehr gewürzt. Es kann aber genauso gut gleich mit Knoblauch, Pfeffer, Chili oder anderen Zutaten fermentiert werden. Intensive oder scharfe Gewürze dabei nur in geringen Mengen verwenden. Nüsse oder Pinienkerne, die gerne in ein Pesto gemischt werden, sollten erst nach dem Fermentationsprozess dazugegeben werden.

Genießen: Pesto schmeckt immer, ob in Salat oder zu Vorspeisen sowie zu Pasta oder Kartoffeln. Fermentiertes Pesto möglichst nicht mitkochen, sondern erst kurz vor dem Verzehr untermischen.

WILD GESAMMELTES

Eine herrlich blühende Wiese bietet im Frühjahr neben der Farbenpracht auch eine Menge schmackhafter Nahrung. Daher Acht geben, wo man hintritt und immer einen Beutel oder Korb zum Pflücken dabeihaben. Denn es findet sich meist etwas, was man daheim prima fermentieren kann.

LÖWENZAHNBLÜTEN

Löwenzahn blüht von April bis Juni und enthält viele Vitamine und Mineralstoffe. Seine Bitterstoffe helfen dem Körper, nach dem Winter zu entgiften. Die Blätter können als Kräutertee oder Pesto fermentiert werden, doch in diesem Rezept geht es um die Blüten. Dafür eignen sich sowohl bereits geöffnete Blüten als auch die Knospen. Genauso köstlich lassen sich Ringelblumen fermentieren.

Fermentationsart: Mischform aus Trockenfermentieren und 2-prozentiger Salzlake

Zutaten für ein 150-ml-Glas:

- 100 g Löwenzahnblüten
- 2 g Salz
- 50 ml Salzlake (1 g Salz auf 50 ml Wasser)
- **optional:** Knoblauch, Ingwer, Chili

Zubereitung: ca. 20 Minuten, 1 Stunde trocknen

- Die Löwenzahnblüten waschen, abtropfen lassen und 1 Stunde auf einem mit Küchenpapier ausgelegten Blech etwas trocknen lassen.
- Anschließend in einer Schüssel mit dem Salz (und eventuell den Gewürzen) gut vermischen und mit einem Holzstampfer leicht stampfen. Meistens tritt nicht sehr viel Flüssigkeit aus.
- Daher die Blüten in ein Einmachglas geben und 30 bis 50 ml der 2-prozentigen Salzlake darüber gießen.
- Nun mit einigen Löwenzahnblättern abdecken, sodass sie beim Verschließen des Deckels die Blüten unter die Flüssigkeit drücken. Wenn nötig, zusätzlich ein kleines Gewicht verwenden.

Fermentation: Für 4–5 Tage bei Zimmertemperatur gären lassen. Danach im Kühlschrank aufbewahren.

Genießen: Fermentierte Löwenzahnblüten entfalten ein besonders feines Aroma zur Brotzeit oder im Salat und eignen sich als Dekoration von Vorspeise oder Hauptgericht.

PILZE

Gewöhnlich werden Pilze getrocknet, um sie haltbar zu machen. Doch in Salzlake fermentiert bleiben Pilze lange frisch und saftig. Auf ausreichend Salzgehalt solltest du achten, da sie bei der Gärung eher weich werden. Bei selbst gesammelten Pilzen muss sichergestellt sein, dass sie ungiftig sind und man die Pilzart roh verzehren kann. Gibt es Zweifel, lieber darauf verzichten. Wiesenchampignons haben ein deutlich intensiveres Aroma als Zuchtchampignons, Boviste schmecken sehr mild. Sie sind nur ganz jung genießbar, wenn sie noch fest und weiß sind.

Fermentationsart: mit 4-prozentiger Salzlake
Salzmenge: 40 g Salz auf 1 Liter Wasser

Zutaten für ein Weckglas (500 ml):

- 250 g Wiesenchampignons oder junge Boviste
- 250 ml Salzlake (10 g Salz auf 250 ml Wasser)
- Löwenzahn- oder Johannisbeerblätter zum Beschweren
- **Gewürze:** 1 Knoblauchzehe, 1 Frühlingszwiebel, Thymian, rosa Beeren, etwas Chili

Zubereitung: ca. 20 Minuten

- Die Pilze je nach Verschmutzung putzen oder vorsichtig abwaschen und in Scheiben oder Stücke schneiden.
- Knoblauch und Frühlingszwiebel grob hacken und mit den Gewürzen in das Weckglas geben.
- Die Pilzstücke darauflegen und mit der Salzlake übergießen. Löwenzahn- oder Johannisbeerblätter oder ein leichtes Gewicht auflegen, damit die Pilze unter der Wasseroberfläche bleiben.
- Den Deckel verschließen und zum Fermentieren an einen ruhigen Ort stellen.

Fermentation: Bei Zimmertemperatur 5–7 Tage gären lassen. Anschließend im Kühlschrank aufbewahren und nach Geschmack nachreifen lassen.

Genießen: Milchsaure Pilze sind perfekte Antipasti und ihr Ferment-Saft schenkt Salatdressing und fermentiertem Nusskäse ein feines Fungi-Aroma.

WUNDERSAME LEBEWESEN

Pilze sind weder Pflanzen noch Tiere. Diese Lebewesen, auch Fungi genannt, sind sesshaft wie Pflanzen, ernähren sich jedoch von organischem Material. Sie leben oft mit wechselseitigem Nutzen (symbiotisch) im Wurzelwerk von Pflanzen. Sie sind reich an Mineralstoffen, Spurenelementen sowie Vitaminen und eine kräftige Grundlage für viele Speisen.

WOHLTUENDE FERMENTE

Diese ganz besonderen Zubereitungen bezaubern nicht nur geschmacklich. Sie dienen seit vielen Jahrzehnten als wirkungsvolle Hausmittel, weshalb sie in einer natürlichen Versorgung unerlässlich sind.

KNOBLAUCH IN SALZLAKE

Als Gewürz verleiht Knoblauch jedem Gemüseferment einen tollen Geschmack. Er lässt sich sehr gut mit Salzwasser und Kräutern fermentieren, um so das ganze Jahr griffbereit zur Verfügung zu stehen.

Fermentationsart: mit 2-prozentiger Salzlake
Salzmenge: 20 g Salz auf 1 Liter Wasser

Zutaten für ein Weckglas (750 ml):

- 400 g Knoblauchzehen, geschält
- 400 ml Salzlake (8 g Salz auf 400 ml Wasser)
- 1 Zweig Rosmarin, Salbei oder Thymian

Zubereitung: ca. 20–30 Minuten

- Knoblauch schälen, große Zehen halbieren und mit den Kräutern in ein Weckglas füllen.
- Die Salzlake anrühren, über den Knoblauch gießen und mit einem Gewicht beschweren. Das Glas verschließen und samt Küchenpapier auf einen Teller stellen.

Fermentation: Nun an einem ruhigen Ort bei Zimmertemperatur 1–2 Wochen fermentieren lassen. Knoblauch arbeitet kräftig bei der Gärung, wodurch Blasen sowie Geräusche entstehen und Flüssigkeit austritt. Sollte es zu trocken werden, etwas Salzlake nachgießen. Knoblauch kann sich bei der Gärung mit Salzlake blau oder grün verfärben. Die Arbeit der Bakterien löst chemische Prozesse aus, die jedoch gesundheitlich ungefährlich sind. Nach der Hauptfermentation kann das Gewicht entfernt werden. Der Knoblauch darf gerne noch 2–4 Wochen nachreifen. Nach dem Öffnen kannst du das Glas im Kühlschrank aufbewahren – es hält sich aber genauso gut im Vorratsschrank.

KNOBLAUCH IN HONIG

Als magische Kombination wird Knoblauch seit jeher gerne mit Honig fermentiert und dient zum Verfeinern von Speisen sowie als altbewährtes Hausmittel. Die Gärung bereichert die Darmflora und wirkt positiv auf Verdauung und Blutkreislauf. Ingwer wirkt ähnlich und kann auf gleiche Weise fermentiert werden. Honig ist kein pflanzliches Produkt, weshalb für diese Zubereitungsweise nur hochwertiger Bio-Honig in Frage kommt, am besten von einem lokalen Imker.

Zutaten für ein Weckglas (750 ml):

- 300 g Knoblauchzehen, geschält
- 500 ml Bio-Honig

Zubereitung: ca. 20–30 Minuten

- Knoblauch schälen und die Zehen im Ganzen oder halbiert in das Weckglas geben. Wenn nötig, den Honig im Wasserbad (max. 40 °C) etwas verflüssigen und anschließend über den Knoblauch gießen.
- Das Glas verschließen und hin und her bewegen, damit sich der Honig gut verteilen kann.
- Anfangs steigen die Zehen nach oben. Während der Gärung wird der Honig immer flüssiger und der Knoblauch sinkt nach unten. Ein Gewicht ist daher nicht nötig. Da etwas Honig austreten kann, das Glas am besten auf einen Teller stellen.

Fermentation: Bei Zimmertemperatur für 4–6 Wochen gären lassen und dabei alle 1 bis 2 Tage bewegen und drehen, damit der Honig im unteren Teil des Glases nicht wieder fest wird. Die Fermentation ist abgeschlossen, wenn alle Knoblauchzehen nach unten gesunken sind. Je älter das Ferment desto besser schmeckt es – lass es daher nach Belieben nachreifen. Durch die jeweils antibakterielle Wirkung von Knoblauch und Honig muss dieses Ferment auch nach dem Öffnen nicht im Kühlschrank aufbewahrt werden und hält sich mehrere Jahre.

EIN FERMENT FÜR GENUSS UND GESUNDHEIT

Egal ob in Salzlake oder Honig, fermentierter Knoblauch ist beliebt als Gewürz für Salate, Soßen oder andere Gerichte sowie als Starterkultur für Nuss-Frischkäse. Für einen gesundheitlichen Effekt, den Knoblauch nicht erhitzen. Als Kur den Knoblauch morgens auf nüchternen Magen verzehren.

APFELESSIG

Selbstgemachter Apfelessig ist sehr nützlich und vor allem gesund! Diese einfache Art der Essiggärung kommt ganz ohne Apfelwein oder Apfelsaft aus – Äpfel und pures Wasser bieten den Lebensraum für Essigsäurebakterien. Bei der Fermentation arbeiten keine Milchsäurebakterien, weshalb Apfelessig hauptsächlich zur Konservierung verwendet wird und nicht als Starter für weitere Fermente dient.

Zutaten für ein großes Einmachglas (3 Liter):

- 600 g Äpfel, ganz (oder Apfelreste, Schalen und Kerngehäuse)
- 2 Liter reines Wasser
- **optional:** 1 EL Rohzucker

Zubereitung: ca. 15 Minuten

- Äpfel waschen, faule Stellen wegschneiden und ungeschält samt Kerngehäuse in grobe Stücke schneiden.
- Die Apfelstücke in das saubere Glas geben (für eine beschleunigte Gärung mit Zucker), Wasser darüber gießen und umrühren.
- Nun den Behälter mit einem sauberen Mull- oder Küchentuch abdecken und dieses mit einem Band befestigen.

Fermentation: Die Äpfel bei Zimmertemperatur an einem ruhigen Ort für 4–7 Tage gären lassen. Während dieser Zeit 1x täglich umrühren, damit sich an der Oberfläche kein Schimmel bildet. Nach mehreren Tagen beginnt der Essig zu schäumen. Das bedeutet, dass die Gärung begonnen hat. Hast du Zucker dazugegeben, setzt die Gärung bereits nach 1–2 Tagen ein. Der Zucker ist nach Abschluss der Fermentation von den Bakterien komplett zersetzt und nicht mehr im Essig enthalten.

Abgießen: Hat der Essig 2–3 Tage geschäumt, ist es Zeit, ihn durch ein Tuch in eine große Schüssel abzugießen. Die aufgefangenen Apfelstücke enthalten kaum noch Nährstoffe und kommen auf den Kompost. Nun den Apfelessig in Flaschen füllen, ohne diese zu verschließen. Befestige stattdessen kleine Tuchstücke mit einem Gummiband auf den Flaschenöffnungen, damit der Essig atmen kann.

Reifung: Die Flaschen wieder an einen ruhigen Ort stellen, an dem es gerne zwischen 20 und 25 °C warm sein darf. Dort reift der Apfelessig ohne weiteres Umrühren für 5–6 Wochen. Während dieser Zeit bildet sich die sogenannte Essigmutter, eine gallertartige weiße Masse, die vorerst im Essig verbleibt. Später kann die Essigmutter für einen neuen Ansatz separat aufbewahrt werden.

Fertig: Nach der Reifezeit ist der Apfelessig zum Verzehr bereit und hält kühl gelagert mindestens 1 Jahr. Der Essig wird mit der Zeit trüb und je nach Apfelfarbe etwas dunkler sowie kräftiger im Geschmack.

VIELSEITIG

Hausgemachter Apfelessig schmeckt sehr mild und ist nicht nur für Salatdressing gut. Als Hausmittel unterstützt er den Stoffwechsel sowie Darm, Leber und Haut. Er fördert die Wundheilung und lindert Juckreiz. Außerdem dient Apfelessig zum Haare waschen und als natürliches Putzmittel.

PROBIOTISCHE SÄFTE

Stehen bunte Obst- und Gemüsefermente erst einmal auf dem Tisch, leeren sich die Weckgläser schnell und dann stellt sich die Frage, was mit dem verbleibenden Saft geschieht. Auf keinen Fall sollte die Flüssigkeit der fermentierten Früchte im Ausguss landen, denn sie kann weiterverwendet werden und ist für vieles zu gebrauchen. Bereits ein Glas pro Tag bereichert die Bakterienvielfalt im Darm. Außerdem dient dieser probiotische Saft als natürliche Starterkultur für weitere Fermente.

Gemüseferment-Essig und Obstferment-Saft

Um probiotische Säfte in großen Mengen anzusetzen, werden bei der Zubereitung von Obst- oder Gemüsefermenten lediglich größere Weckgläser verwendet und entsprechend mehr Salzlake dazugeben. Beim Trockenfermentieren von Sauerkraut dann also anstatt eines 2-Liter-Glases ein 3-Liter-Weckglas füllen und mit 1 Liter 2- bis 3-prozentiger Salzlake auffüllen (Salzmenge entsprechend der Jahreszeit berechnen). Konsistenz und Geschmack mögen sich durch die Wasserzugabe leicht verändern.

Brottrunk

Für die schnelle Variante des sogenannten Rejuvelac 100 g gewaschenen Vollkornweizen mit 1 Liter Wasser und dem Saft einer halben Zitrone ansetzen. Für 2 Tage fermentieren und anschließend abgießen. Dieser probiotische Trunk eignet sich aufgrund seines neutralen Geschmacks gut zum Fermentieren von Nussmilchprodukten.

Verwendung probiotischer Säfte

- pur oder mit Wasser gemischt
- als Aroma in Müsli oder Süßspeisen
- für Salatdressing (anstatt Essig)
- als Starter für fermentierte Frucht-Getränke und Kompott (s. ab S. 104)
- als Starter für Nuss-Joghurt und -Quark (s. ab S. 94)
- als Starterkultur für Nuss-Frischkäse und -Ricotta sowie Nusslaibe (s. ab S. 98)
- als Sauerteig- und Hefeersatz zum Brotbacken (s. S. 108)
- Bleibt mal zu viel Ferment-Flüssigkeit über, kann sie den Kompost mit Mikroorganismen anreichern. Am besten verdünnt, damit dieser nicht zu sauer wird und weil einige Pflanzen kein Salz vertragen.

FERMENTIEREN MIT EIGENEN STARTERN

Die aus Obst, Gemüse, Pilzen und Kräutern entstandenen Fermente kommen in der Regel gleich auf den Tisch. Doch dienen sie bestens als Starterkulturen für noch mehr Leckereien – vor allem, um Nüsse, Samen oder Getreide zu fermentieren. Außerdem können die Starter weitere Obst- oder Gemüsesorten ganz einfach und schnell in erfrischende Getränke oder feines Kompott verwandeln.

FERMENTIERTE NÜSSE

Selbstgemachte Nussmilchprodukte sind nicht mit industriell hergestellten laktosefreien Artikeln vergleichbar. Bindemittel, Fett oder andere Zusatzstoffe sind unnötig, da nur pure Nüsse, Samen oder Kerne zum Einsatz kommen. Das Ergebnis ist cremig, reichhaltig, nährstoffreich und ganz natürlich! Nussmilch wird gewöhnlich aus mit Wasser pürierten Nüssen oder Samen hergestellt, die dann durch ein Tuch gegossen wird. Dabei entstehen pflanzliche Milch und Trester (die im Tuch verbleibende Masse). Für fermentierte Nussprodukte hingegen wird eine mittelfeste Creme zubereitet, ohne dabei die Flüssigkeit vom Trester zu trennen. Da die gesamte Nussmasse verwendet wird, sind diese Lebensmittel wesentlich gehaltvoller. Natürlich kannst du jede Creme zu Nussmilch, Trinkjoghurt oder einer cremigen Soße verwandeln, indem du sie einfach mit Wasser verdünnst.

Selbstgemachte Starter

Weil getrocknete Samen nicht genügend Milchsäurebakterien zur Verfügung stellen, muss der Nusscreme eine Starterkultur zugesetzt werden. So wird Cashewcreme mit Obst-Ferment zu Joghurt und mit Gemüse-Starter zu Frischkäse. Mandelcreme verwandelt sich in Quark und eine Erdnusscreme in Ricotta. Die Flüssigkeit zum Pürieren der Nusscreme besteht zu ¼ bis ⅕ aus probiotischen Säften, der Rest ist Wasser. Dient fermentiertes Obst oder Gemüse als Starter, wird der Wassergehalt nicht reduziert. Die angegebene Grammzahl bezieht sich auf das Trockengewicht der Nüsse. Diese müssen vorher aktiviert werden.

Mengenverhältnis von Wasser und Starterkultur			
	400 g Cashewkerne (2–4 Stunden einweichen)	400 g Mandeln (8–12 Stunden einweichen)	400 g Erdnüsse (6–8 Stunden einweichen)
fermentiertes Obst	50 g Ferment 500 ml Wasser	50 g Ferment 600 ml Wasser	50 g Ferment 550 ml Wasser
Obst-Ferment-Saft	100 ml Ferment-Saft 400 ml Wasser	100 ml Ferment-Saft 500 ml Wasser	100 ml Ferment-Saft 450 ml Wasser
fermentiertes Gemüse	50 g Ferment 400 ml Wasser	75 g Ferment 600 ml Wasser	75 g Ferment 550 ml Wasser
Gemüse-Ferment-Essig	100 ml Ferment-Essig 300 ml Wasser	150 ml Ferment-Essig 450 ml Wasser	150 ml Ferment-Essig 400 ml Wasser
Knoblauch in Honig	2 Zehen + 2 TL Honig 400 ml Wasser	2 Zehen + 2 TL Honig 600 ml Wasser	2 Zehen + 2 TL Honig 550 ml Wasser

Verarbeitung

Nach der Einweichzeit die Nüsse abgießen und gründlich abwaschen. Für Joghurt können wahlweise eingeweichte Datteln oder Zucker dazugegeben werden, für Frischkäse hingegen wird mit Salz und anderen Kräutern gewürzt. Alle Zutaten im Blender oder mit dem Stabmixer pürieren, bis die Masse schön cremig ist. Die Nusscreme in einen Behälter geben und abdecken (es muss nicht luftdicht sein). Den Behälter nicht bis zum Rand füllen, damit er beim Fermentationsprozess nicht überläuft.

Fermentation

Nun für 12–24 Stunden an einen warmen Ort stellen. Man kann auch eine Joghurt-Maschine verwenden, in der eine 12-Stunden-Gärung ausreicht.

Fertig

Am nächsten Tag einmal kräftig umrühren und am besten ohne Deckel in den Kühlschrank stellen. Die Masse reift dort weiter und wird gekühlt noch etwas fester. Der entstandene Nuss-Joghurt oder -Frischkäse hält sich länger als nicht fermentierte Nusscreme und ist außerdem reich an Probiotika. Der Geschmack verändert sich mit der Zeit und wird intensiver. Aus Frischkäse können nach längerer Reifung feste Laibe geformt und getrocknet werden, die sogenannten Nusslaibe (s. S. 102).

Neutral, süß und cremig

Es macht Spaß, den Tag mit fermentierten Nusscremes zu beginnen! Ein Müsli mit Cashew-Joghurt oder Mandel-Quark bringt nicht nur Kraft und Energie, sondern ist leicht verdaulich und reichert die Darmbakterien an. Für diese Gärung eignen sich ganz besonders Obstfermente oder deren Ferment-Säfte. Dies bedeutet nicht, dass daraus ein Fruchtjoghurt entsteht. Das Ferment ist nur für die Gärung der Nusscreme zuständig. Nuss-Joghurt und -Quark werden damit vorwiegend neutral im Geschmack und enthalten lediglich eine subtile Fruchtnote. Wer es süß mag, kann zusätzlich Honig, Rohzucker, Datteln, Rosinen oder andere getrocknete Früchte dazugeben.

Auch wenn es ungewöhnlich klingt, mit Sauerkrautsaft kann eine neutrale Nusscreme fermentiert werden. Andere Gemüsesorten wie Rote-Bete oder Möhren zaubern ebenfalls einen tollen, nussigen Naturjoghurt. Lediglich zwiebel- oder knoblauchhaltige Fermente eignen sich besser für herzhafte Nusscremes (s. S. 98).

ERDBEER-CASHEW-JOGHURT

Aus pürierten Cashews ergibt sich eine sehr homogene Masse mit cremiger Konsistenz, die herkömmlichem Joghurt ähnelt. Cashew-Joghurt ist daher für die Umstellung auf laktosefreie Kost sehr hilfreich. Die lokale Variante ist die Walnuss mit einem etwas stärkeren Eigengeschmack. Als Starter sind fermentierte Erdbeeren ein besonderes Highlight. Doch auch andere gegorene Waldfrüchte, Obstsorten oder deren Ferment-Säfte sind ein Genuss!

Zutaten für ca. 1 Liter Nuss-Joghurt:

400 g Cashewkerne, 2–4 Stunden eingeweicht, abgegossen und abgespült

Obst-Starter: 500 ml Wasser + 50 g fermentierte Erdbeeren (oder anderes gegorenes Obst)

Saft-Starter: 400 ml Wasser + 100 ml Obst-Ferment-Saft (oder Sauerkrautsaft)

optional: 2–3 eingeweichte Datteln, Rosinen oder 1–2 TL Zucker dazugeben

Zubereitung: ca. 15 Minuten, Einweichzeit 2–4 Stunden

- Obst- oder Saft-Starter auswählen und zusammen mit den eingeweichten Cashews und optional Datteln, Rosinen oder Zucker im Blender oder mit dem Stabmixer pürieren.
- Die Creme in einen Behälter geben. Diesen abdecken und 12–24 Stunden bei Zimmertemperatur fermentieren lassen.
- Am nächsten Tag umrühren und in den Kühlschrank stellen (Aufbewahrung s. S. 96).

KONSISTENZ

Mit Obst fermentierter Cashew-Joghurt kann eine leicht klebrige Konsistenz entwickeln, das ist ganz normal. Du kannst ihn dann jederzeit mit Wasser verdünnen.

BROMBEER-MANDELQUARK

Pürierte Mandeln bilden eine gröbere, leicht krümelige Konsistenz, weshalb sie eher an Quark erinnern. Da die Masse nicht ganz so homogen ist, kann sich manchmal etwas Wasser absetzen. Die Creme wird sehr weiß und geschmacklich erinnert sie an Marzipan, wobei ein salziger Mandelquark eher wie Ziegenkäse schmeckt.

Zutaten für ca. 1 Liter Mandel-Quark:

400 g Mandeln, blanchiert, 8–12 Stunden eingeweicht, abgegossen und abgespült

Obst-Starter: 600 ml Wasser + 50 g fermentierte Brombeeren (oder anderes gegorenes Obst)

Saft-Starter: 500 ml Wasser + 100 ml Obst-Ferment-Saft (oder Sauerkrautsaft)

optional: 2–3 eingeweichte Datteln, Rosinen oder 1–2 TL Zucker

Zubereitung: ca. 15 Minuten, Einweichzeit 8–12 Stunden

- Obst- oder Saft-Starter auswählen und zusammen mit den eingeweichten Mandeln und optional Datteln, Rosinen oder Zucker im Blender oder mit dem Stabmixer pürieren.
- Die Mandelcreme in einen Behälter geben und diesen abdecken.
- Nun 12–24 Stunden bei Zimmertemperatur fermentieren lassen. Am nächsten Tag umrühren und in den Kühlschrank stellen.

Fermentierte Nusscremes richtig aufbewahren

Joghurt oder Quark auf Nussbasis ist mit geschlossenem Deckel im Kühlschrank nur wenige Tage haltbar. Da die Fermentation auch im Kühlschrank leicht weitergeht, empfiehlt es sich, den Behälter einfach offen aufzubewahren. Hierzu sollte der Kühlschrank sauber sein und die Nusscreme möglichst oben stehen, damit nichts hineinfallen oder -tropfen kann. Nusscreme ist intensiver und reichhaltiger als das Pendant aus Kuhmilch. Daher verwendet man sie eher in kleineren Mengen.

NACHHALTIGE WEITERVERARBEITUNG

Falls Nuss-Joghurt oder -Quark zu lange weitergären und nicht mehr so gut schmecken, kannst du sie auf den Küchentresen stellen und antrocknen lassen. Dabei vergeht der strenge Geruch oder Geschmack. Du kannst auch etwas Honig, Zimt oder Vanille dazugeben und die neu entstandene Creme zu einem Obstlaib trocknen lassen (s. S. 119). Dieser Laib ähnelt einem fermentierten Marzipanbrot, das gerieben sogar als Instant-Joghurt auf Reisen dient. Ein wahrer Verwandlungskünstler!

Herzhaft und käsig

Werden Nüsse salzig fermentiert, entsteht ein käsiger Brotaufstrich. Als Starter wird Gemüse-Ferment-Essig oder fermentierter Knoblauch verwendet, die jeweils ihre ganz individuellen Eigenschaften besitzen. Man kann auch fermentiertes Gemüse als Starter verwenden und es zusammen mit den Nüssen pürieren. Jede Nussart hat ihre Magie und verwandelt die Creme in köstlichen Aufstrich, der jede Brotzeit zum Festessen macht!

KRÄUTER-CASHEW-FRISCHKÄSE

Cashewkerne nehmen sehr viel Wasser auf und die Creme wird schön homogen, weshalb sie am ehesten an Frischkäse erinnert. Als Starter gehören Auberginen- oder Tomaten-Ferment-Essig zu den Klassikern, doch auch andere Fermente sind köstlich und zum Probieren geeignet. Frische Kräuter oder Blüten runden diese Kreation ab.

Zutaten für ca. 1 kg Nuss-Frischkäse:

- 400 g Cashewkerne, 2–4 Stunden eingeweicht, abgegossen und abgespült
- **Essig-Starter:** 300 ml Wasser + 100 ml Ferment-Essig (z. B. Auberginen) + 2 TL Salz
- **Gemüse-Starter:** 400 ml Wasser + 50 g fermentiertes Gemüse + 3 TL Salz
- **Gewürze:** Schnittlauch, Petersilie, Calendulablüten oder andere frische Kräuter

Zubereitung: ca. 15 Minuten, Einweichzeit 2–4 Stunden

- Einen Essig- oder Gemüse-Starter wählen und die Zutaten im Blender oder mit dem Stabmixer pürieren.
- Die Cashewcreme in einen Behälter geben und abgedeckt für 24 Stunden bei Zimmertemperatur fermentieren lassen.
- Am nächsten Tag den Cashew-Frischkäse umrühren und mit frischen Kräutern oder anderen Gewürzen verfeinern. Vor dem Verzehr noch einen Tag ohne Abdeckung in den Kühlschrank stellen, damit er fester wird.

AUFBEWAHRUNG VON NUSS-FRISCHKÄSE

Fermentierter Nuss-Frischkäse wird immer ohne Deckel im Kühlschrank aufbewahrt. Der Kühlschrank sollte dafür sauber und nicht zu feucht sein, damit sich kein Schimmel bildet. Am besten den Behälter im obersten Fach lagern, damit nichts von oben hineinfallen oder -tröpfeln kann. Die Oberfläche trocknet dabei mit der Zeit etwas an, beginnt also eine Rinde zu bilden. Diese ist essbar und ist die Vorstufe zum festen Nusslaib, bei dem die Nussmasse hart werden und reifen soll (s. S. 102).

MANDEL-ZIEGENKÄSE

Mandeln mit Knoblauch in Honig fermentiert schmeckt einfach traumhaft! Doch auch mit anderen Gemüse-Fermenten erzielst du kreative Geschmacksrichtungen. Die Mandelcreme wird etwas krümelig, weshalb sie frisch oder als Laib gereift (s. S. 102) an Ziegenkäse erinnert.

Zutaten für 1 kg Mandel-Käse:

400 g Mandeln, blanchiert, 8–12 Stunden eingeweicht, abgegossen und abgespült

Knoblauch-Starter: 600 ml Wasser + 2 fermentierte Knoblauchzehen + 2 TL fermentierter Honig + 3 TL Salz

Essig-Starter: 450 ml Wasser + 150 ml Gemüse-Ferment-Essig + 2 TL Salz

Gewürze: Basilikum, Salbei, getrocknete Tomaten oder andere frische Kräuter

ERDNUSS-RICOTTA

Pürierte Erdnüsse haben eine ähnliche Konsistenz wie Mandeln, doch der Geschmack ist ein ganz anderer. Geröstete oder rohe Erdnüsse ergeben sehr unterschiedliche Ricotta-Versionen. Eine absolute Empfehlung sind rohe Erdnüsse mit Gurken- oder Blumenkohl-Ferment-Essig.

Zutaten für 1 kg Nuss-Ricotta:

400 g Erdnüsse, 6–8 Stunden eingeweicht, abgegossen und abgespült

Essig-Starter: 400 ml Wasser + 150 ml Ferment-Essig (z. B. Gurken) + 2 TL Salz

Gemüse-Starter: 550 ml Wasser + 75 g fermentiertes Gemüse + 3 TL Salz

Gewürze: Koriandergrün, Rucola, Löwenzahnblüten oder andere frische Kräuter

Zubereitung: jeweils ca. 15 Minuten plus Einweichzeit

- Einen Starter auswählen und die Zutaten im Blender oder mit dem Stabmixer pürieren.
- Nun die Nussmasse in einen Behälter geben und abgedeckt für 24 Stunden bei Zimmertemperatur fermentieren lassen.
- Am nächsten Tag nach Belieben würzen oder frische Kräuter dazugeben und ohne Abdeckung im Kühlschrank lagern.

#machsnachhaltig

NUSSLAIBE

Vor Jahren war ich auf der Suche nach einem natürlich fermentierten, laktosefreien Käse. Ich begann, Laibe aus fermentierter Nusscreme zu formen, ließ sie wie herkömmlichen Käse trocknen und anschließend für lange Zeit reifen.

Die Nusslaibe waren geboren. In meinem Buch „Natürlich fermentierte Nüsse" habe ich die Entstehung ausführlich beschrieben. Die folgende Anleitung zeigt eine einfache und praktische Art, diese köstlichen und nahrhaften Nusslaibe täglich zu genießen.

Fermentierte Nusscreme

Die im vorigen Kapitel beschriebenen Frischkäse bilden das Grundrezept für Nusslaibe. Du kannst klassische Laibe entweder nur mit Salz zubereiten oder nach Belieben mit frischen oder getrockneten Kräutern würzen. Käseformen werden nicht benötigt, sondern nur 3 bis 4 kleine Schälchen, 3 bis 4 kleine Teller und ein Küchenspachtel.

Mittelfester Nusslaib

Zuerst mit Ferment-Essig einen Nuss-Frischkäse aus Cashewkernen, Mandeln oder Erdnüssen herstellen (s. S. 98–101). Auch Walnüsse, Sonnenblumenkerne, Sesamkörner oder Pistazien eignen sich. 400 g Nüsse (Trockengewicht) ergeben 4 kleine Nusslaibe, oder du isst ein Viertel als Frischkäse und formst nur 3 Laibe aus der Masse.

So geht's: Die Nussmasse bei Zimmertemperatur 24 Stunden fermentieren lassen und danach für 5 Tage ohne Abdeckung in den Kühlschrank stellen. In den ersten Tagen einmal umrühren, damit Luftblasen verschwinden. Die Nussmasse wird im offenen Behälter täglich fester und beginnt zu trocknen. Nach dieser Woche wird die Nussmasse in 3 bis 4 kleine Schälchen gefüllt und im obersten Fach des Kühlschranks platziert. Nun die Nussmasse nicht mehr umrühren, da die Oberfläche antrocknen soll. Das dauert weitere 5 Tage.

stürzen

glatt streichen

Beginnt die Oberfläche anzutrocknen, nimmst du die Schälchen aus dem Kühlschrank heraus und stellst sie für weitere 5 Tage an einen ruhigen Platz. Je nach Temperatur kann es sein, dass die Laibe in den ersten Tagen etwas aufgehen, doch sacken sie von selbst wieder zusammen. Nach diesen 15 Tagen die Nusslaibe auf kleine Teller stürzen. Mit dem Spachtel etwas nachhelfen und die restliche Creme aus dem Schälchen löffeln. Nun die Nusslaibe glattstreichen und sie entweder wieder in den Kühlschrank oder an einen anderen ruhigen und kühlen Ort (10–14 °C) stellen.

Trocknen und Reifung

Nun beginnt die Reifung der Nusslaibe. Diese kann zwei Wochen bis hin zu mehreren Monaten dauern – je nach Geduld! Im Kühlschrank trocknen und reifen die Laibe wesentlich langsamer, daher gilt es jetzt zu beobachten und zu experimentieren. Du kannst sie immer zwischendurch probieren und die Anschnittstelle anschließend mit dem Spachtel verschließen. Nusslaibe schmecken jung etwas kräftiger und je reifer sie werden wieder milder. An Pflege bleibt nur noch, die Laibe alle 3–4 Tage zu wenden. Anfangs kleben sie etwas am Teller fest, später bilden sie eine Rinde und können leicht und schnell umgedreht werden. Bei Problemen mit Schimmelbildung können die Laibe mit 15-prozentiger Salzlake (150 g auf 1 Liter Wasser) eingesprüht werden. Doch am besten nur ein- oder zweimal einsprühen, damit sie nicht zu salzig werden. Fertige Nusslaibe werden immer offen auf einem Teller oder Brett aufbewahrt. Um sie mittelfest haltbar zu machen, müssen sie eingeschweißt werden. Ein gereifter Nusslaib kann jedoch so lange an der Luft trocknen, bis er ganz hart ist. Und selbst dann dient er immer noch – wie ein alt gereifter Parmesan – als perfekter Reibekäse!

Ein Nusslaib von 150 Gramm enthält zwischen 10 000 und 15 000 Milchsäurebakterien!

nach 1 Monat

nach 6 Wochen

nach 2 Monaten

GETRÄNKE UND KOMPOTT

Eine schnelle Limonade! Apfelmus ohne Kochen! Obst und Gemüse der Saison verwandeln sich mit den passenden Startern zu alkoholfreien Erfrischungsgetränken und fermentiertem Kompott.

FRUCHT-SODA

Als Alternative zu Kefir und Kombucha gären Äpfeln, Birnen, Möhren oder Rhabarber mit eigenen Startern. Wilde Beeren, Hagebutten oder Lavendelblüten dienen als Aroma. Rhabarber ist eine fruchtige Gemüseart, die bis spätestens 24. Juni geerntet werden sollte, da sie sonst zu viel Oxalsäure entwickelt.

Zutaten für 2 Liter fermentierten Fruchtsaft:

- 500 g Rhabarberstangen und -blüten, gewaschen und in Stücke geschnitten
- 50 g Datteln, entsteint und halbiert
- 1 EL Rohzucker
- Saft von 1 Zitrone
- **Starter:** 100 ml Sauerkrautsaft oder anderer Ferment-Saft
- 2 Liter Wasser
- **optional:** 1 Handvoll frische Erdbeeren, andere Waldfrüchte oder Blüten

Zubereitung: ca. 15 Minuten

- Rhabarber waschen und in grobe Stücke schneiden. Alle Zutaten in ein 3-Liter-Glas füllen und maximal 5 Tage bei Zimmertemperatur gären lassen. Ab und zu umrühren und probieren, damit die Gärung nicht alkoholisch wird.
- Danach die Früchte durch ein Sieb gießen und das Getränk in einer Schüssel auffangen. Den Saft in Flaschen füllen, das Obst in einen Behälter geben und beides im Kühlschrank aufbewahren.

Genießen: Frucht-Soda dient als probiotisches Getränk, es erfrischt und erfreut den Darm. Die Fruchtstücke werden püriert zu Brotaufstrich oder Fruit Bowl und dienen bestens als Starter für Nuss-Joghurt oder -Quark.

SÄUREGEHALT

Das Frucht-Soda hält sich mehrere Wochen im Kühlschrank, doch wird es mit der Zeit immer saurer, weil die Mikroorganismen den Zucker in Milchsäure verwandeln. Daher besser zügig verbrauchen oder weiterverarbeiten.

GEGORENES KOMPOTT

Apfel- oder Pflaumenmus wird üblicherweise eingekocht. Püriert und mit Starter fermentiert, kannst du auf den Kochvorgang verzichten. Obwohl ungewohnt salzig, bleibt die Frische der Früchte erhalten und das Kompott lässt sich sehr gut weiterverarbeiten.

Zutaten für 1 Weckglas (750 ml):

- 500 g Äpfel oder Birnen, in Stücken (Pflaumen oder Pfirsiche, entsteint)
- Saft von 1 Zitrone
- 10 g Salz
- 1 EL Rosinen
- 1 Prise Zimt
- **Starter:** 100 ml Sauerkrautsaft oder anderer Ferment-Saft

Zubereitung: ca. 20 Minuten

- Obst waschen, entkernen und in grobe Stücke schneiden. Anschließend mit den restlichen Zutaten im Blender oder mit dem Stabmixer pürieren. (Man kann die Rosinen auch erst nach dem Pürieren dazugeben.) Das Kompott in ein Weckglas füllen und mit einigen Apfelscheiben bedecken oder ein Gewicht auflegen.
- Nun bei Zimmertemperatur 2 Tage fermentieren lassen und anschließend im Kühlschrank aufbewahren.
- Das Apfel- oder Fruchtmus gärt auch bei kühlen Temperaturen weiter, weshalb das Einmachglas nicht bis zum Rand gefüllt wird. Je länger das Kompott reift, desto saurer wird es, da der Zucker von den Milchsäurebakterien aufgebraucht wird. Wer es also lieber süß mag, sollte das Fruchtmus zügig verbrauchen.

Genießen: Gegorenes Kompott schmeckt mit einem Klecks Mandelcreme zu Pfannkuchen sowie zu gekochtem Amaranth. Herzhafte Soßen werden damit fruchtig verfeinert und getrocknete Fruit-Roll-Ups machen das Püree zum prickelnden Snack.

CHUTNEY UND CO.

Auch Gemüse kann auf diese Art und Weise in fermentiertes Püree, Soßen oder süßsaures Chutney verwandelt werden. Dazu einfach das Gemüse deiner Wahl mit einem Starter und Gewürzen pürieren, anschließend fermentieren und genießen!

GETREIDE TRIFFT FERMENTE

Ein klassischer Sauerteig ist zwar nicht schwer herzustellen, muss aber geplant werden. Deshalb erfährst du hier eine praktische Kurzversion, die alltagstauglich ist und das Getreide trotzdem hervorragend vorverdaut. Denn Milchsäurebakterien bauen natürliche Schadstoffe im Getreide ab und machen das Brot bekömmlicher.

MILCHSAURES BROT

Dieses Brot wird aus aktiviertem Getreide hergestellt und ist eine Mischform zwischen einem Rohkostbrot und einem Sauerteigbrot. Es kommt ohne Hefe aus und ein Starter erledigt die Vorverdauung des Getreides. Je nach Getreideart müssen die Körner einen Tag vorher in Wasser eingeweicht werden. Buchweizen ist glutenfrei und hat den Vorteil, dass er bereits nach 1 Stunde Einweichzeit verarbeitet werden kann. Das bietet ein wenig Spontanität beim Brotbacken!

Zutaten für eine Kastenform (ca. 1 kg):

- 500 g Buchweizen, eingeweicht und abgespült
- 200 ml Ferment-Essig (Sauerkrautsaft, Rote-Bete-Ferment-Essig oder andere)
- 200 g Buchweizenmehl (oder ein anderes Mehl)
- 1 TL Natron
- 1 TL Brotgewürz (Kümmel, Fenchel, Anis und Koriander)
- 1–2 EL Leinsamen, Chiasamen, Sonnenblumen- oder Kürbiskerne

Zubereitung: Einweichzeit Buchweizen 1 Stunde, anderes Getreide 12 Stunden; 1–2 Stunden Gärung; Backzeit: 45 Minuten

- Den Buchweizen abgießen und gründlich abspülen, bis kein Schaum mehr entsteht. Mit dem Ferment-Essig in den Blender geben oder mit dem Stabmixer fein pürieren.
- Die flüssige Masse mit den restlichen Zutaten kräftig verrühren und in eine mit Backpapier ausgelegte Backform füllen.
- Den Teig 1–2 Stunden gehen lassen und dann das Brot für 45 Minuten bei 210 °C (Umluft) im Ofen backen.

Variation: Für ein Rohkostbrot den Teig dünn auf ein Backblech streichen und bei maximal 42 °C im Dörrgerät, Ofen, über der Heizung oder in der Sonne trocknen.
Zum Würzen eignen sich Kräuter wie Thymian, Basilikum oder Rosmarin. Als Dekoration überraschen mitgebackene Oliven, getrocknete Tomaten, Löwenzahnblüten oder Ringelblumen.

MILCHSÄUREBAKTERIEN IM OFEN

Vielleicht wunderst du dich, dass dieses Brot in den Ofen kommt, weil Milchsäurebakterien beim Backen absterben. Doch nicht immer wird fermentiert, um die Mikroorganismen selbst zu verzehren. Wie beim Sauerteig nutzen wir sie, um Stärke abzubauen und Backtriebmittel zu vermeiden. Dadurch entlasten wir unseren Darm und das Brot wird aromatisch, luftig locker und ist lange haltbar. Lebendig wird es dann wieder durch fermentierten Brotaufstrich, gegorene Beilagen oder ein probiotisches Getränk.

ROHE MÜSLIRIEGEL

Fermentiertes Obst eignet sich bestens, um aus Haferflocken und Trockenfrüchten Rohkostkekse oder Müsliriegel zu zaubern. Auch süße Gemüsesorten wie Möhren, Rhabarber, Rote Bete oder Kürbis können verwendet werden. Diese rohköstliche Zwischenmahlzeit ist schnell gemacht und eignet sich gut zur Resteverwertung.

Zutaten für 20 Riegel:

- 200 g fermentierter Kürbis mit Ingwer (oder anderes gegorenes Obst sowie Kompott)
- 50 g (6–8) Datteln, entsteint und eingeweicht
- 100 ml Dattel-Einweichwasser
- 200 g Haferflocken
- 1 EL Chiasamen
- 50 g Rosinen und/oder 50 g gehackte Haselnüsse oder Mandeln
- 1–2 EL Honig, Sirup oder Rohzucker
- **nach Belieben:** Vanille, Zimt, Kardamom, Nelken oder andere Gewürze

Zubereitung: ca. 20 Minuten, Trockenzeit 1–2 Tage

- Das Obst mit den eingeweichten Datteln und dem Einweichwasser pürieren. Anschließend mit den restlichen Zutaten gut vermischen.
- Den Teig auf ein mit Backpapier ausgelegtes Bachblech streichen oder in längliche Formen füllen. Anschließend im Dörrgerät oder Ofen bei max. 42 °C ca. 10 Stunden trocknen lassen.
- In einem verschlossenen Behälter im Kühlschrank halten die Riegel mehrere Wochen.

Variation: Gibt man etwas Mehl dazu, können aus dem Teig auch Kekse geformt und gebacken oder rohköstlich getrocknet werden.

Genießen: Als Snack auf Reisen, beim Sport oder Wandern bringen Müsliriegel neue Energie. Mit einem Löffel Cashewcreme und Waldbeeren sind sie eine Alternative zum Kuchen am Nachmittag.

ALTERNATIVE ZUM DÖRREN

Du kannst die Riegel auch 1–2 Tage in der Sonne oder neben der Heizung trocknen. Wer diese Geduld nicht aufbringt, bäckt die Riegel in 20 Minuten bei 175 °C Umluft im Ofen. Dabei mögen zwar einige Bakterien verloren gehen, aber die Riegel schmecken trotzdem wunderbar und sie sind natürlich genauso gesund.

WIE ISST MAN FERMENTE?

Mit Fermenten in der Speisekammer verändern sich Gewohnheiten. Unkomplizierte und schnell zubereitete Gerichte stehen auf dem Speiseplan. Bunte Gemüsefermente – bereits geschnippelt aus dem Glas – passen zu gekochten Kartoffeln, Reis oder Hirse. Selbstgebackenes Brot belegt mit Nusslaiben, Mandel-Kräuterquark sowie Pesto der Saison und ein erfrischendes Frucht-Soda bereichern den Tisch der Köstlichkeiten!

GESCHMACK UND DARM

Fermentiertes bringt uns Geschmacksnuancen näher, die nicht zuckerbasiert sind. Der Gaumen gewöhnt sich nach und nach an die milchsaure Note und empfindet später meist herkömmliche Produkte als künstlich oder zu süß geraten. So hilft uns eine natürliche Ernährung dabei zu erkennen, wann unser Körper bestimmte Lebensmittel benötigt und ob diese wirklich gut für uns sind.

Reife Fermente verändern ihren Geschmack und können saurer oder milder werden. Wer Spaß daran hat, kann zwischendurch immer mal wieder probieren und die Geschmacksempfindungen aufzeichnen. Da fermentierte Lebensmittel generell intensiver schmecken, essen wir sie gewöhnlich in kleineren Mengen. Weniger Vitamine nimmt man deshalb nicht auf, im Gegenteil, da die fermentierte Version viel Vitamin C und Milchsäurebakterien enthält. Fermente sind also gut für die Gesundheit, möglicherweise muss sich der Darm nur erst an die vielen Bakterien gewöhnen. Daher anfangs nicht übertreiben und lieber in kleinen Portionen probieren. Manchmal ist es besser, nur eine Sorte Fermente zu essen, als viele verschiedene durcheinander, da jede Sorte seine eigenen Bakterienstämme besitzt. Die Darmbesucher passen sich aber – wie unsere Geschmacksnerven – mit der Zeit an und sind flexibel. Was also anfangs ungewohnt war, wird später zur Deliktesse!

FERMENTIERTES HILFT BEI HEISSHUNGER

Übrigens sind fermentierte Lebensmittel ideal, um Heißhungerattacken entgegenzuwirken. Sie geben dem Körper im Hungermodus nicht nur etwas Nahrhaftes, sondern bieten gleichzeitig den zuckerliebenden Darmbewohnern Kontra, falls diese gerade in der Überzahl sind.

PURER GENUSS!

Du kannst Fermente jederzeit pur essen, ihren Saft trinken oder genial kombinieren:

Im Müsli

Eingeweichte Haferflocken, Nüsse und Rosinen schmecken mit fermentiertem Cashew-Joghurt oder Mandel-Quark vorzüglich. Dazu passen frische oder gegorene Früchte, Honig und Zimt.

Im Grießbrei

Köstlich und bunt wird ein Reis-Grießbrei mit frischen Früchten und Beeren, einigen Klecksen fermentiertem Nuss-Joghurt und Obst-Ferment-Saft.

Zur Brotzeit

Cashew-Frischkäse und Nusslaibe passen wunderbar zu Sauerteigbrot, genauso wie fermentierte Gewürzgurken oder gegorene Radieschen.

Zu Kartoffeln

Lecker sind gekochte Erdäpfel mit Mandel- oder Erdnuss-Kräuterquark, dazu selbstgemachtes Sauerkraut oder fermentierter Apfelrotkohl.

Zu Bratlingen

Ob Linsenbratlinge oder Gemüsepuffer – beides schmeckt herrlich mit Nuss-Frischkäse-Dip und fermentierten Tomaten oder gegorenen Zucchini.

Asiatisch

Zu jedem Reisgericht passt ein scharfer Kohl-Mix. Fermentiertes Gemüse und Nuss-Frischkäse überraschen in vegetarischen Sushirollen.

Im Sommer

Mediterrane Hirse mit pikanter Tomatensauce und fermentierten Auberginen ist eine traumhafte Kombination. Dazu gibt's Cashew-Kräuter-Joghurt.

Als Snack

Müsliriegel oder Fruit Roll-Ups schmecken immer.

Im Salatdressing

Ferment-Essig gemischt mit Apfelessig und etwas Olivenöl sind ein Genuss zu frischem Rohkost- oder Blattsalat. Auch Obst-Ferment-Säfte oder gegorene Beeren runden Grünzeug fruchtig ab.

Als Gewürz

Die subtilen Aromen von fermentiertem Obst und Gemüse verfeinern und würzen jedes Gericht.

FERMENTIERTES WEITER-VERARBEITEN

Fermentiertes verdirbt nicht und kann jederzeit in neue Kreationen verwandelt werden. Bleibt etwas übrig oder ist Abwechslung gefragt, werden fermentiertes Obst und Gemüse zu Püree oder Soße verarbeitet und kommen als Brotaufstrich oder Dip auf den Tisch.

Rohkosttorte

Mit fermentierten Blaubeeren werden rohe Torten zu einer Spezialität, und pflanzenbasiertem Käsekuchen darf gerne etwas Obst-Ferment-Saft zugesetzt werden. So geht's: Cashewkerne mit eingeweichten Datteln, den gewünschten gegorenen Früchten, evtl. einer Avocado und Wasser pürieren. Je nach Geschmack Honig oder Rohzucker dazugeben sowie etwas Kokosöl oder Kakaobutter, damit die Creme später fest wird. Den Belag auf einen Tortenboden aus pürierten Haselnüssen, Kokosflocken und eingeweichten Rosinen streichen und die Torte für mehrere Stunden in den Kühlschrank stellen.

Fruit Bowl

Für das morgendliche Frühstück oder als erfrischende Zwischenmahlzeit werden frische Früchte wie Bananen, Äpfel oder Pfirsiche mit fermentierten Pflaumen, Birnen oder Waldbeeren püriert. Als Konsistenzgeber dient eine Avocado oder ein Esslöffel Chiasamen. Anschließend Rosinen, Kokosraspeln, geröstete Nüsse oder andere Körner als Topping darüber streuen.

BROTAUFSTRICH

Frisches und fermentiertes Gemüse gemischt mit getrockneten Tomaten oder Pilzen verwandelt sich in einen feinen Brotaufstrich, der viele kreative Variationen zulässt.

Zutaten für jeweils 500 g Aufstrich

Rote-Bete-Aufstrich

- 150 g fermentierte Rote Bete
- 100 g Möhren
- 100 g Kürbiskerne
- 150 ml Wasser
- 1 EL Olivenöl
- **Gewürze:** 1–2 TL Meerrettich, Salz und Pfeffer

Tomaten-Aufstrich

- 150 g fermentierte Paprika oder Brokkoli
- 100 g getrocknete Tomaten, eingeweicht
- 100 g Sonnenblumenkerne
- 150 ml Wasser
- Saft von ½ Zitrone
- **Gewürze:** frischer Chili, Basilikum, Salbei, Thymian, Salz und Pfeffer

Zubereitung: jeweils 15 Minuten

- Die Zutaten in den Blender geben oder mit dem Stabmixer pürieren. Anschließend in kleine Gläser oder in einen größeren Behälter füllen.
- Der Brotaufstrich hält sich verschlossen 1 bis 2 Wochen im Kühlschrank. Er fermentiert jedoch leicht weiter und verändert dadurch seinen Geschmack.
- Für eine längere Haltbarkeit kann der Aufstrich entweder eingefroren oder wie ein Nuss-Frischkäse in einer Schale ohne Deckel offen im Kühlschrank gelagert werden. Dabei trocknet die Oberfläche an und er wird fester, so dass er zu Gemüselaiben reifen kann (s. S. 119).

FERMENTE TROCKNEN

Gegorenes Obst und Gemüse sowie Nuss-Frischkäse und Nusslaibe verändern auch im Kühlschrank ständig ihren Geschmack, weil sie immer ein wenig weiter fermentieren. Deshalb können sie nach 2 bis 3 Wochen einen strengen Geschmack entwickeln, der zwar nicht schlecht, aber auch nicht sonderlich attraktiv ist. Genau in diesem Moment solltest du das Ferment aus dem Kühlschrank nehmen, damit es Sauerstoff bekommt und atmen kann. Fermente wie Wein oder Käse müssen ebenfalls atmen und fermentierter Nuss-Frischkäse steht aus diesem Grund offen im Kühlschrank oder draußen zum Trocknen. Bereits nach einigen Stunden werden Geruch und Geschmack milder und es macht wieder Spaß zu probieren. Deshalb immer erst diesen Trick probieren, bevor das Ferment auf den Kompost landet. Das Dörren oder Trocknen von Fermenten geschieht natürlich nicht nur wegen eines unguten Geschmacks, sondern auch um sie haltbar zu machen oder eigene Probiotika herzustellen.

Dörren

Zum Dörren trennst du Obst oder Gemüse von der Lake. Den Ferment-Saft kann man trinken oder weiterverarbeiten. Die Früchte auf einem mit Papier ausgelegten Backblech ausbreiten und neben der Heizung, in der Sonne oder bei maximal 42 °C im Dörrgerät trocknen. So sind sie lange haltbar und dienen als gesunder Snack. Gemahlen verwandeln sie sich in ein feines Gewürz oder Probiotikapulver. Mit Schokolade überzogen werden sie zu einer abenteuerlichen Leckerei!

Fruchtgummi – Fruit-Roll-Ups

Für einen gesunden Snack wird fermentiertes Obst mit eingeweichten Datteln oder einem Löffel Honig püriert und hauchdünn auf Backpapier gestrichen. Die Masse einfach an der Luft oder im Dörrgerät trocknen lassen und anschließend samt Backpapier in Streifen schneiden. Nun das halbfeste Fruchtgummi vom Papier abziehen und einrollen – ein prickelnder Snack!

Probiotische Obst- und Gemüselaibe

Zu guter Letzt kannst du nicht nur hart gereifte Nusslaibe zu Reibekäse verwandeln. Auch Brotaufstrich, Frucht-Nuss-Joghurt oder Gemüse-Püree kann man zu Laiben formen, trocknen und reifen lassen. Zu beachten ist dabei nur, dass püriertes Obst und Gemüse mehr Wasser enthält als ein Nuss-Joghurt oder -Frischkäse und deshalb etwas länger zum Trocknen braucht. Ist der Kompott oder Aufstrich sehr dünnflüssig, einfach etwas feste Nusscreme untermischen oder mit Sonnenblumenkernen, Walnüssen oder anderen Samen zu einer dickflüssigeren Masse pürieren. Anschließend wird genauso vorgegangen wie bei Nusslaiben (s. S. 102), indem die Masse in kleinen Schälchen bleibt, bis die Oberfläche angetrocknet ist. Dann wird der Laib auf einen Teller gestürzt, um auf der anderen Seite zu trocknen. So lässt man den Fermentlaib reifen, bis er fest und halbtrocken ist. Er sollte lediglich alle 3–4 Tage umgedreht werden. Du kannst immer wieder probieren. Ist der Laib noch nicht soweit, einfach die angeschnittene Stelle wieder glattstreichen und auf den richtigen Reifegrad warten. Und ist der Obst- oder Gemüselaib einmal ganz hart geworden, kannst du ihn fein reiben und hast dann dein eigenes Instant-Probiotika-Pulver, das unendlich lange haltbar ist. Es beschert dir viele selbst gezüchtete Milchsäurebakterien und kann sogar als Starter für neue Fermente eingesetzt werden. Das ist wie ein kleines Wunder! So verwandelt sich die Küche in ein lebendiges Wesen. Immer stehen Weckgläser, Teller oder Holzbretter mit bunten Fermenten und Laiben auf dem Küchenschrank, die gerade fermentieren, reifen oder trocknen und auf ganz natürliche Weise guttun!

#MACHSNACH-HALTIG-INFOS

Auf den folgenden Seiten findest du weitere Informationen rund um das Thema Fermentieren. Somit steht der lebendigen Milchsäuregärung im eigenen Heim nichts mehr im Wege. Bei diesem Abenteuer wunsche ich dir viele spannende Fermente und Nusslaibe.

Fermentations-kalender

Während der Erntezeit sind lokale Obst- und Gemüsesorten in großen Mengen und meist günstig bei lokalen Bauern erhältlich. So bietet es sich an, diese regionalen Früchte zu fermentieren und einen eigenen Wintervorrat anzulegen.

Du findest den Fermentationskalender auch auf der Ulmer-Homepage: www.ulmer.de/fermentier-doch-mal. Über den QR-Code kannst du ihn dir auch auf dein Smartphone laden. Ob dort oder ausgedruckt: griffbereit ist immer gut.

		Januar	Februar	März
Gemüse	Auberginen			
	Blumenkohl			
	Brokkoli			
	Chinakohl			
	Fenchel			
	Gewürzgurken			
	Knoblauch			
	Kohlrabi, violett			
	Kohlrabi, weiß			
	Kürbis			
	Lauch			
	Möhren			
	Paprika			
	Radieschen			
	Rettich			
	Rosenkohl			
	Rote Beete			
	Rotkohl			
	Salatgurken			
	Sellerie			
	Spargel, grün			
	Spargel, weiß			
	Spitzkohl			
	Süßkartoffeln			
	Tomaten			
	Weißkohl			
	Wirsing			
	Zucchini			
	Zwiebeln			
Obst	Äpfel			
	Birnen			
	Blaubeeren			
	Brombeeren			
	Erdbeeren			
	Himbeeren			
	Holunderbeeren			
	Johannisbeeren			
	Kirschen			
	Pfirsiche			
	Pflaumen			
	Rharbarber			
Kräuter	Basilikum			
	Löwenzahn			
	Petersilie			
	Ringelblumen			

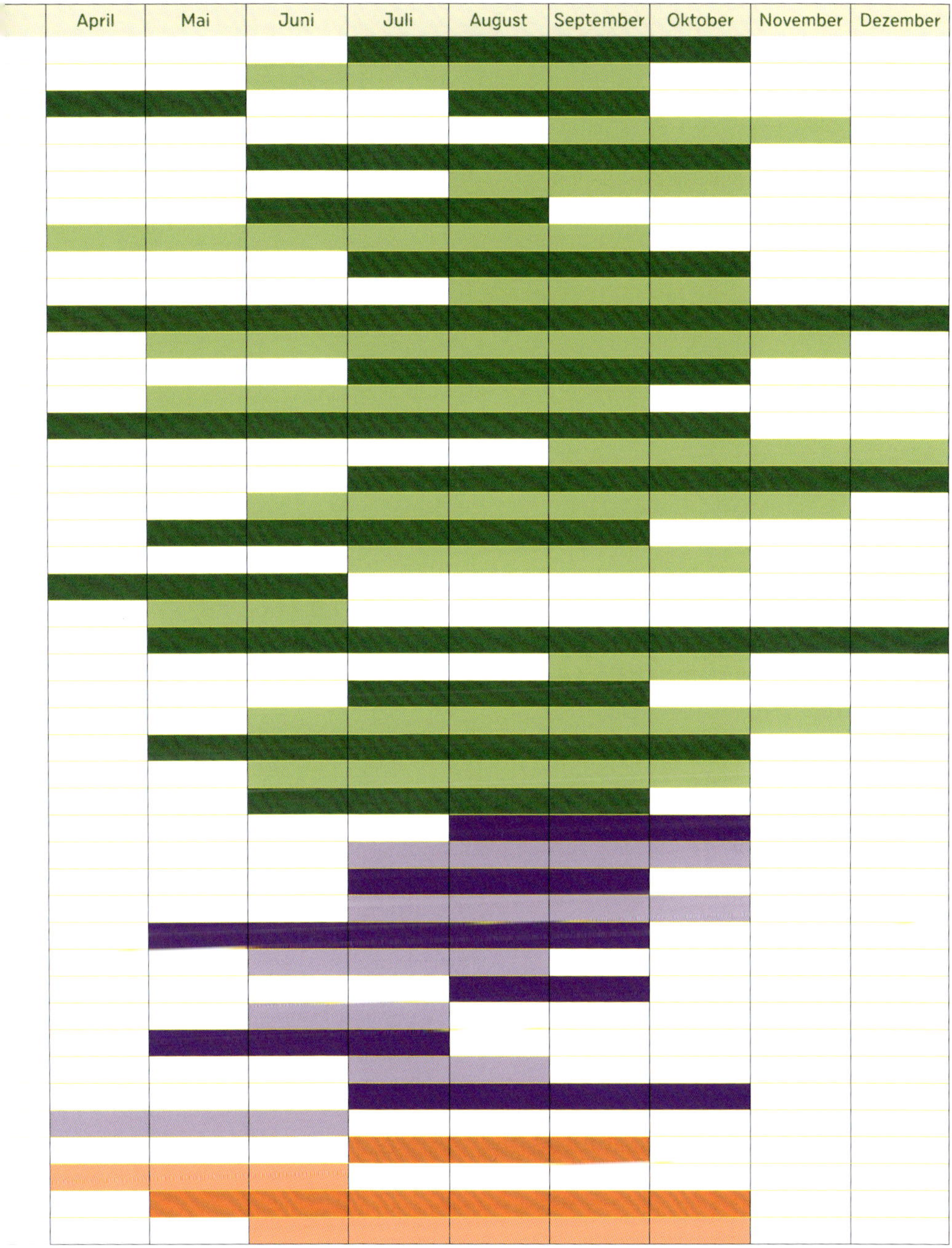
April
Mai
Juni
Juli
August
September
Oktober
November
Dezember

Zum Weiterlesen

Natürlich fermentierte Nüsse – Stefanie Horn – Pala Verlag 2019
In diesem Buch geht es um pflanzliche Milchprodukte und insbesondere um die Herstellung von Nusslaiben. Mit selbstgemachten Fermenten und aus unterschiedlichen Nusssorten entstehen kleine, bunt gewürzte oder auch richtig große Käselaibe, die bis zu zwei Kilogramm wiegen. Diese Nusslaibe werden in Käseformen natürlich fermentiert, reifen mehrere Monate und sind jahrelang haltbar. Sie überraschen auf jedem Tisch als Delikatesse für Gaumen und Auge!

Wild Fermentation – Sandor Ellix Katz – Chelsea Green Publishing Company 2003
Ein Klassiker unter den Fermentationsbüchern. Neben der Milchsäuregärung von Gemüse und Getreide werden ebenfalls Hülsenfrüchte, Kefir sowie die alkoholische Fermentation und einiges mehr beschrieben.

Im Internet

www.sauer-macht-gluecklich.de
Maria und Marco stellen Fermentiertes her und verkaufen ihre bunten Gläser (nicht pasteurisiert) über ihre Website. Außerdem geben sie Fermentationskurse und haben einen Kanal auf YouTube.

www.wildefermente.de
Barbara Hosfeld stellt als Biologin auf dieser Seite sehr viele interessante Information zur Verfügung, die viele Hintergründe des Fermentierens beleuchten.

Über die Autorin

Sicher ist es kein Zufall, dass uns der Fermentationsprozess den natürlichen Wandel von einem Lebensmittel zum anderen sichtbar macht. Das wachsende Interesse am Fermentieren im eigenen Heim zeugt daher von einem bewussten oder unbewussten Verlangen, gemeinsam mit der Natur ins Gleichgewicht zu kommen. Genau dies war meine Intention, als ich vor mehr als zehn Jahren mit dem Fermentieren begann.

Als ehemalige Berufssportlerin und Ausbilderin war Ernährung für mich schon immer wichtig, doch erst das Leben fern der Stadt hat mich mit anderen Augen auf die Materie blicken lassen. So zog ich nach vielen Reisen durch Asien und Südamerika und einigen Jahren Stadtleben in der Megametropole Buenos Aires nach Nordpatagonien aufs Land. Auf einer Biofarm lernte ich vieles über Pflanzen, Gemüseanbau und die Rhythmen der Natur. Dort entdeckte ich die Nusslaibe und startete eine kleine Käseproduktion, die ich samt Workshops mehrere Jahre argentinienweit anbot.

Mittlerweile lebe ich mit meinem Partner mitten in den Bergen der patagonischen Anden – 40 km von jeglicher Zivilisation entfernt. Wir versorgen uns mit Getreide, Hülsenfrüchten, Nüssen und Samen sowie Obst und Gemüse, das ich während der Erntezeit für den Winter hauptsächlich fermentiere. All unsere Lebensmittel sowie Kosmetik und Hausmittel stelle ich selbst her. Durch diese Ernährungsweise genießen wir natürlichen Überfluss, der uns Kraft und Energie für das Landleben sowie für abenteuerliche Bergtouren gibt.

Ich wünsche mir, dass durch dieses Buch etwas dieser herrlichen Bergluft bei dir ankommt und dich motiviert, die Natur ins Haus zu holen und neue Abenteuer in deiner Küche zu bestreiten.

www.stefaniehorn.info
www.nusslaibe.com

Register

Bildnachweise:
Coverfoto: Helena Zolotuhina / Shutterstock.com
Alle anderen Fotos stammen von Stefanie Horn.
Die Zeichnung auf Seite 10 stammt von Helmuth Flubacher.
Die Icons stammen von Victoria Sergeeva/Shutterstock.com.

Impressum

Die in diesem Buch enthaltenen Empfehlungen und Angaben sind von der Autorin mit größter Sorgfalt zusammengestellt und geprüft worden. Eine Garantie für die Richtigkeit der Angaben kann aber nicht gegeben werden. Autorin und Verlag übernehmen keine Haftung für Schäden und Unfälle. Bitte setzen Sie bei der Anwendung der in diesem Buch enthaltenen Empfehlungen Ihr persönliches Urteilsvermögen ein.
Der Verlag Eugen Ulmer ist nicht verantwortlich für die Inhalte der im Buch genannten Websites.

Anmerkung zur Schreibweise (Gendering): Gendergerechtigkeit und Inklusion sind bei uns gelebte Praxis – bei der Auswahl unserer Themen, bei der Recherchearbeit, in der Gestaltung. Unsere Texte meinen alle.

Bibliografische Information der Deutschen Nationalbibliothek
Die Deutsche Nationalbibliothek verzeichnet diese Publikation in der Deutschen Nationalbibliografie; #detaillierte bibliografische Daten sind im Internet über http://dnb.d-nb.de abrufbar.

Wollgrasweg 41, 70599 Stuttgart (Hohenheim)
E-Mail: info@ulmer.de
Internet: www.ulmer.de
Konzept und Projektleitung: Jennifer Zajonz
Lektorat: Anja Fleischhauer
Herstellung: Stephanie Haun
Reihen- und Umschlaggestaltung: Michaela Mayländer, Stuttgart, www.sistermic.de
Satz: Katja von Ruville, Frankfurt a. M.
Reproduktion: time:ray, Jettingen
Druck und Bindung: Pustet, Regensburg
Printed in Germany

MIX
Papier | Fördert gute Waldnutzung
FSC® C014889
www.fsc.org

ISBN 978-3-8186-2068-4